Alchemik

o. Wawrzyniec Maria Waszkiewicz

ALCHEMIK

CZYLI RZECZ O BOGU, O CZŁOWIEKU
I O UŚWIĘCENIU

WROCŁAW • 2021

Za zgodą Kurii Metropolitalnej Wrocławskiej
L.dz. 642/2021
Wrocław, 28.05.2021 r.

Redakcja i korekta
Anna Olechno

Skład
Kamil Gorlicki

Okładka
Anna Dyczka

Wydawca
Fundacja Rosa Mystica
ul. Braci Gierymskich 92
51-640 Wrocław
konrad@rosa-mystica.pl
www.rosa-mystica.pl

ISBN 978-83-961957-0-8

Druk i oprawa
TOTEM

Panie, niech poznam siebie, niech poznam Ciebie!

— ŚW. AUGUSTYN —

Pamięci mojego ojca Jana Waszkiewicza, który przez lata był wiernym – i zawsze pierwszym – czytelnikiem mojej pisaniny. Wyłapywał błędy, nieścisłości, płycizny stylistyczne czy merytoryczne. Opatrywał cennymi komentarzami. Niekiedy sugerował głębsze zmiany. Czasami upierałem się przy swoim, czasami szedłem za jego wskazówkami – tak czy owak: zawsze wiele wnosiły one do mojej pracy. Ta książeczka była ostatnią, jaką zdążył przejrzeć nieomal w całości.

Kochany Tato, mam nadzieję, że te alchemiczne wskazówki były Ci jakąś pomocą w ostatnich – a więc najważniejszych! – miesiącach Twojego życia.

Dziękuję Ci za wszystko.

Ave Maria!

SŁOWO WSTĘPNE

„Na dobrą sprawę cała ta książeczka jest poświęcona rzeczom małym", przeczytamy w *Alchemiku*. Czy to dobrze? To znakomicie! Przecież życie składa się z rzeczy bardzo małych, składa się z sekund i z minut, z chwilowych spotkań i z codziennej rutyny, z powtarzających się obowiązków i z momentów radości. To jakby małe kamyczki, z których układa się z dnia na dzień niepowtarzalna mozaika naszego życia.

Wszystko zależy więc od dobrze przeżytej codzienności. A nawet – od dobrze przeżytej chwili. W książce o tajemniczym duchowym Alchemiku znajdziemy klucz do wieczności, bo przecież „teraźniejszość jest punktem, w którym czas styka się z wiecznością". Wiedzieli o tym wielcy święci katolickiej Tradycji, wiedział o tym „wielki specjalista od Bożej alchemii, święty Maksymilian Maria Kolbe".

A co z przemijalnością, z nieubłaganym upływem czasu, który najwspanialsze marzenia przemieni stopniowo we wspomnienia? I na to znajdziemy receptę

w biblijnych słowach Dawida: „Ty idziesz na mnie
z mieczem, dzidą i zakrzywionym nożem, ja zaś idę
na ciebie w imię Pana Zastępów" (1Sam 17,45). W Imię
Boże układajmy mozaikę z drobnych elementów czasu;
naszym zadaniem jest, aby coraz wyraźniej było widać,
że jesteśmy stworzeni na obraz i podobieństwo Boże.

† Andrzej Siemieniewski,
pomocniczy biskup wrocławski

WPROWADZENIE

Tytuł tej książki mógłby kogoś wprowadzić w błąd – trzeba więc zacząć od rzucenia nań właściwego światła (dla uniknięcia zawodu). Przez „alchemię" rozumie się wszak zazwyczaj „dziedzinę wiedzy uprawianą przez wtajemniczonych w starożytności i średniowieczu, stawiającą sobie za cel uzyskanie drogą doświadczeń chemicznych i fizycznych kamienia filozoficznego, będącego kluczem do wszystkich tajemnic natury, mającego moc zamiany metali w złoto oraz przedłużania życia"[1].

Ktoś mógłby więc oczekiwać, że znajdzie na tych kartach wskazówki, jak z rtęci pozyskać srebro, a z aluminium szczere złoto. Coś bardzo podobnego rzeczywiście mam na myśli – zarazem jednak coś najgłębiej odmiennego. Jeśli więc do sięgnięcia po tę książkę skłoniła Cię, drogi Czytelniku, perspektywa łatwego

---

[1] Hasło: alchemia, w: *Słownik wyrazów obcych PWN*, s. 26.

zysku, to nie odkładaj jej na bok, bo o łatwym zysku rzeczywiście będzie. Jeśli jednak chcesz dowiedzieć się, jak z mniej szlachetnego metalu pozyskać złoto lub srebro, to wyznaję Ci zupełną moją niewiedzę. Powiedzieć tylko mogę, za nieśmiertelnej pamięci encyklopedystą polskim, że można wziąć ołów, „ukuć z niego młotkiem na obuchu cienkie blaszki bardzo, przesypać je solą pospolitą, włożyć oboje w naczynie szklane; dobrze zaszpuntować i zakopać w ziemię na całe dni dziewięć, tedy się ta materya zamieni w żywe srebro". Jak jednak dodaje sam Benedykt Chmielowski, „próbowałem ja tego, ale bez effektu, znać w ziemię niesposobną zakopałem, albo nie zaszpuntowałem dobrze słoika, albo grube blaszki były ołowiu"[2].

Skoro jednak tak się mają rzeczy, to skąd ten tytuł zwodniczy?

Pociąg człowieka do nauk tajemnych, jakkolwiek zły, odzwierciedla pewną naturalną dążność, która jest w nas – i którą obdarzył nas sam Bóg. Człowiek pragnie wszechwiedzy i pragnie wszechmocy. Pragnie ich, bo jest stworzony na obraz i podobieństwo Wszechwiedzącego i Wszechmocnego. Pragnie ich, bo gdzieś na dnie duszy najbardziej nawet znieprawionego człowieka znajduje się przecież pragnienie samego

---

[2] B. Chmielowski, *Nowe Ateny*.

Boga. On, Stwórca, dał nam serce łaknące nieskończoności. Dał nam takie serce, aby tylko w Nim, w Bogu, mogło ono znaleźć spełnienie i pokój. I człowiek może rzeczywiście sięgnąć nieskończoności. Może rzeczywiście osiągnąć wieczność, wszechmoc i wszechwiedzę – jakkolwiek droga do nich jest zupełnie inna aniżeli ta wskazywana przez specjalistów od łatwych rozwiązań. Człowiek staje się wszechmocny, kiedy doskonale uzgadnia własną wolę z Wolą wszechmocną. Kiedy w każdej okoliczności życia umie podporządkować się z miłością swojemu Bogu – wtedy wszystko, co się dzieje, służy mu w wielkim dziele uświęcenia, tj. w dziele podboju szczęśliwej wieczności; w dziele spełnienia tego dążenia ukrytego na dnie serca każdego z nas. Drogą do świętości jest jednak praktykowanie cnót – a więc opieranie się namiętnościom natury skłonnej do grzechu, a nie folgowanie im. Słowem, pójście na łatwiznę jest pójściem na manowce.

Z drugiej jednak strony, coś w tym ujęciu „alchemicznym" jest. I ono odzwierciedla wszak, jakkolwiek w krzywym zwierciadle, zdeformowanym nieuporządkowaną ambicją i chciwością, sposób działania samego Boga. Łaska i magia to dwie zupełnie inne rzeczy: mag pragnie własną siłą (względnie: siłą demonów, z którymi wchodzi w konszachty) panować nad rzeczami tego świata. Święty rzeczywiście nad nimi panuje –

bo jest od nich wolny, umie nimi gardzić, nie daje się im zniewolić. Ponadto, święty panuje nad rzeczami tego świata, bo przemienia go Boża łaska. Łaska nie żongluje naturą. Nie wyciąga królika z kapelusza. Nie robi sztuczek pod publiczkę – nawet jeśli niekiedy zdarza się spektakularny cud mający nawrócić rzesze lub umocnić w wierze wątpiących. Łaska działa zazwyczaj w ukryciu. Coś jednak łączy Boski tryb działania ze skazanymi na niepowodzenie próbami ludzkiego alchemika. Tym czymś jest to, że Bóg lubi posługiwać się marnością, nędzą, tym, co bezwartościowe. I przerabia to na najczystsze złoto. To właśnie o tej alchemii będzie ta książka. O alchemii, która w Boskim tyglu z ludzkiej nędzy, z niewiedzy, z tego, co małe, niepozorne i bezwartościowe, wytwarza najczystsze złoto. Nie będzie tu więc pójścia na łatwiznę – ale na pewno wskazanie pewnych ułatwień. Nie będzie jakiegoś czary-mary, jakiegoś czarnoksięskiego *know-how*. Ale będzie odrobina *know-how* z nieporównanie wyższej półki. Półki najwyższej. Dodajmy jednak – wprowadzając z miejsca Czytelnika w ten świat Boskich paradoksów – że aby do niej sięgnąć, trzeba umieć schylić się bardzo nisko…

Najmniejszy stopień łaski więcej jest wart aniżeli dobro przyrodzone całego świata – łaska jest bowiem nasieniem życia wiecznego; jest początkiem szczęśliwej wieczności już tu na ziemi. Tę prawdę podkreśla m.in. święty Tomasz z Akwinu, stwierdzając wyższość łaski uświęcającej w pojedynczej osobie nad dobrami naturalnymi całego wszechświata[3]. Nic więc dziwnego, że inny wielki teolog, jezuita Suarez, stwierdził pewnego razu, iż oddałby całą swoją wiedzę za zasługę odmówienia jednego tylko *Zdrowaś Maryjo*. Z kolei święty Bonawentura mawiał, że jedna dusza czysta przewyższa wartość całego wszechświata materialnego. Święta Teresa z Avili wykrzykiwała: „Nic nie znajduję, do czego by można było porównać przedziwną piękność i ogromną pojemność duszy ludzkiej [w stanie łaski]"[4]. Wielu świętych ukazywało się po śmierci, aby powiedzieć, że gdyby było to możliwe, wróciliby z nieba na ziemię, żeby móc jeszcze troszkę wycierpieć, jeszcze trochę popracować dla Pana Boga – i tym sposobem odrobinę zwiększyć nieśmiertelną zasługę miłości.

Alchemia rozumiana jako nauka tajemna zapewne nie przynosi owoców. Żaden spośród magów bądź uczonych nie znalazł kamienia filozoficznego ani nie przemienił gliny w złoto. Ale nawet gdyby się to któremuś

---

[3] Św. Tomasz z Akwinu, *Suma teologiczna* I–II, 113, 9 ad 11: *„Bonum gratiæ unius majus est quam bonum naturæ totius universi"*.

[4] Św. Teresa od Jezusa, *Twierdza wewnętrzna*, I, 1.

z nich udało, to i tak osiągnięcie to byłoby wątpliwym zyskiem albo raczej niemal pewną stratą. Otóż samo sedno tej tajemnej sztuki jest bowiem w istocie diabelskim oszustwem. Człowiek dla zdobycia odrobiny marności tego świata (niech to będzie złoto, srebro, diamenty…) nastawia na szwank zbawienie własnej duszy. „Cóż bowiem za korzyść odniesie człowiek, choćby cały świat zyskał, a na swej duszy szkodę poniósł?” (Mt 16,26)[5]. „Bogactwo wasze zbutwiało, szaty wasze stały się żerem dla moli, złoto wasze i srebro zardzewiało, a rdza ich będzie świadectwem przeciw wam i toczyć będzie ciała wasze niby ogień” (Jk 5,2–3).

Gdyby diabeł podarował komuś (co skądinąd przewyższa jego możliwości) wszystkie bogactwa świata w zamian za duszę nieśmiertelną, to on, książę ciemności, zrobiłby świetny interes, a nieszczęsna dusza zrobiłaby interes najgorszy z możliwych. Nie dość na tym! Wróćmy raz jeszcze do naszego wielkiego prawidła dotyczącego proporcji (czy raczej dysproporcji) pomiędzy naturą i łaską, idąc za myślą świętych gotowych oddać wszystko za zasługę jednej „zdrowaśki”. Otóż gdyby diabeł oddał komuś wszystkie bogactwa tej ziemi, żeby w zamian bodaj odrobinę umniejszyć

---

[5] Cytaty z Pisma Świętego pochodzą z *Biblii Tysiąclecia*, wyd. IV – chyba że oznaczono inaczej.

stopień łaski, żeby ująć bodaj okruszek przyszłej chwale świętego w niebie – to znowuż diabeł zrobiłby dobry interes, a dusza fatalny. Nie ma na tym świecie niczego, co mogłoby zasługiwać na popełnienie jednego tylko grzechu powszedniego. Ludzka alchemia – w najlepszym razie podszyta chciwością i ambicją, jeśli nie paktowaniem z diabłem – jest więc zawsze kiepskim interesem. Na pozór jej celem jest pozyskanie z nieszlachetnego materiału złota. W praktyce jest jednak dokładnie na odwrót: gdyby nawet zaszpuntowany słój rzeczywiście dokonywał przemiany blaszek ołowiu w srebro, złoto i platynę – to w istocie zachodziłaby przemiana bardzo negatywna: sprzedaż Bożych łask za bezwartościowe doczesne świecidełka. Mizernym obrazem takiej transakcji jest owo sprzedawanie przez naiwnych Indian złota, klejnotów i innych skarbów za szklane paciorki europejskich wydrwigroszy.

Odwrotnie działa Boża alchemia. Uczy nas ona, jak naprawdę niskim kosztem pozyskiwać „niewiędnący wieniec chwały" (1P 5,4) i skarby, „których ani mól, ani rdza nie niszczą" (Mt 6,20).

Wyjaśniwszy terminy, przejdźmyż do naszego tematu. Poprzedźmy go jednak przepięknym mottem, zaczerpniętym z pism sługi Bożego księdza Józefa Canovaia; mottem, w którym zawiera się sedno świętej alchemii, o której traktuje ta książeczka.

Weź, o Panie, tę nędzę, którą daję,
i tę nicość, którą jestem
– a daj mi to bogactwo, na które czekam,
i to Wszystko, którym jesteś![6]

---

[6] Trudno oddać piękno tego cytatu w języku polskim, toteż warto przytoczyć również oryginalne brzmienie włoskie: „*Prendi, Signore, il poco che offro, il nulla che sono e dammi il molto che spero, il tutto che sei!*".

CZĘŚĆ PIERWSZA

To bowiem, co jest głupstwem u Boga, przewyższa mądrością ludzi, a co jest słabe u Boga, przewyższa mocą ludzi. Przeto przypatrzcie się, bracia, powołaniu waszemu! Niewielu tam mędrców według oceny ludzkiej, niewielu możnych, niewielu szlachetnie urodzonych. Bóg wybrał właśnie to, co głupie w oczach świata, aby zawstydzić mędrców, wybrał to, co niemocne, aby mocnych poniżyć; i to, co nie jest szlachetnie urodzone według świata i wzgardzone, i to, co nie jest, wyróżnił Bóg, by to co jest, unicestwić, tak by się żadne stworzenie nie chełpiło wobec Boga

(1 Kor 1,25–29)

Przebóstwienie

Kim jest człowiek, abyś go cenił i zwracał ku niemu swe serce?

(Hb 7,17)

Spójrz na górski pejzaż. Wzniosły szczyt wypiętrza się ponad głębokie przepaście. Czyż ten olśniewający kontrast nie jest porywający? Tylko Bóg mógł stworzyć podobne arcydzieło. Ogrom, potęga, majestat olśniewają i onieśmielają. Ta otchłań dzieląca dno przepaści oraz najwyższy szczyt jest jednak tylko bladym obrazem tego, czym człowiek jest – i czym być powinien.

Dobrze obrazuje to sławny dialog Pana Jezusa ze świętą Katarzyną. „Ja jestem, który jestem – a ty jesteś ta, której nie ma”. Człowiek wobec Boga czym jest, jeśli nie nicością, z której Bóg go dobył i do której bez Bożej Opatrzności natychmiast by powrócił? „Jeżeli pozostawiony jestem sam sobie, jestem niczym, samą słabością” – mówi autor *Naśladowania Chrystusa*. Zaraz potem dodaje jednak: „ale gdy tylko spojrzysz na mnie, od razu staję się silny, napełniony nową radością”[1].

---

[1] Tomasz a Kempis, *Naśladowanie Chrystusa*, III, 8.

Pismo Święte pełne jest opisu ludzkiej nędzy. Człowiek jest prochem (Rdz 3,19) i pyłem (Rdz 18,27), trzciną (Iz 42,3) i trawą (Iz 40,6–7, Ps 90,5–6). Jego życie jest „trudem i marnością" (Ps 90,10). A jednak, mimo całej tej nędzy, człowiek jest powołany do osiągnięcia szczytów więcej niż niebotycznych. Do tego prochu i pyłu; do trawy więdnącej w ciągu dnia; do grzesznika pełnego słabości Bóg powiada: „Bądźcie świętymi, ponieważ Ja jestem święty!" (Kpł 11,44), a święty Paweł dodaje niedwuznacznie: „wolą Bożą jest wasze uświęcenie" (1Tes 4,3). Osiągnięcie tego celu to uczestniczenie w życiu samego Boga; to przebywanie w Panu Jezusie i pozwolenie Jemu przebywać w nas (por. J 15,5). To zdobycie nieba, o którym wiemy, że „ani oko nie widziało, ani ucho nie słyszało, ani serce człowieka nie zdołało pojąć, jak wielkie rzeczy przygotował Bóg tym, którzy Go miłują" (1Kor 2,9).

Oto przepaść i szczyt naszego górskiego pejzażu. Oto punkt wyjścia i punkt dojścia naszego procesu alchemicznego. Nędza przebóstwiona. Proch i pył, które stają się czystym złotem i nieporównanie więcej niż złotem. Zrozumienie tej dysproporcji przekracza nasze możliwości – ale ważne jest zrozumieć przynajmniej tyle, że jest ona gigantyczna. To zrozumienie pozwoli nam bez trudu przyjąć dwie absolutnie fundamentalne zasady świętej alchemii; zasady, które geniusz świętego

Augustyna w przepięknej modlitwie *Noverim*[2] ujmuje słowami: „Niech nie ufam sobie, a ufność pokładam w Tobie". Pierwsza część tego wezwania wynika z naszej słabości, z naszej nędzy, z ran zadanych nam grzechem (i pierworodnym, i grzechami osobistymi). Druga część jest konsekwencją tego, do czego i przez Kogo jesteśmy powołani. Bóg Wszechwiedzący, Bóg Wszechmogący, Bóg, który nas kocha – nie odmówi nam swojej potężnej pomocy w realizacji tego, czego On sam od nas żąda, a co przerasta nasze nikłe ludzkie siły! Dwoma niezbędnymi elementami naszej alchemii są więc **pokora** i **ufność**.

Autor znakomitego włoskiego podręcznika życia duchowego o. Amato Dagnino ujmuje to następująco:

> Im bardziej dusza odrywa się od siebie samej przez doskonałą pokorę i im bardziej przylega do Boga i Jemu się zawierza przez doskonałe zjednoczenie oraz ciągłą modlitwę, tym bardziej działa Bożym działaniem i silna jest siłą Bożą[3].

Pokora mówi nam o tym, że materiał, który wkładamy do kociołka alchemika (o kociołku będzie mowa

---

² Zob. s. 157.

³ A. Dagnino, *La vita interiore*, I, 93.

pod koniec książki), jest nieszlachetny. Zapewne średniowieczny alchemik nie brałby się w ogóle za swoje eksperymenty, gdyby był przekonany, że materiał, którym dysponuje, jest już doskonały, a przeto nie wymaga przemiany w coś lepszego. Pokora mówi nam, że do słoja wsadzamy blaszki z ołowiu, a nie szczere złoto. Ufność – której nie pokładamy ani w nas samych, ani w siłach przyrody, ale w Tym, który jest naszym Panem i Stwórcą całej przyrody – mówi nam, że coś z tego może wyjść; że śmierdzące wrzody naszych grzechów mogą być uleczone; że nikłość naszej egzystencji może ulec przebóstwieniu, może wypełnić się Bogiem; że mimo naszej słabości możemy osiągnąć zjednoczenie z Absolutem.

Uznanie tej słabości jest więc warunkiem, bez spełnienia którego nasza alchemia nie może zadziałać. Trzeba nam uznać, że jesteśmy ułomni i bezsilni; że nasza nieporadność jest wręcz całkowita; uznać, że ani jednego malutkiego kroku nie możemy poczynić bez Bożej pomocy. „Nikt też nie może powiedzieć bez pomocy Ducha Świętego: Panem jest Jezus" (1Kor 12,3). Z drugiej strony, ta świadomość nie ma nijak niepokoić nas. „Duch przychodzi z pomocą naszej słabości" (Rz 8,26). Toteż, „ilekroć niedomagam, tylekroć jestem mocny" (2Kor 12,10). Święty Augustyn nie złościł się na przeciwników, którzy usiłowali skompromitować go przypominaniem jego grzesznej przeszłości. „Nie czuję się tym dotknięty, albowiem im bardziej ujawniają moją słabość, tym bardziej wysławiam mojego Lekarza". Święta Tereska z Lisieux potrafiła cieszyć się nawet z popełnionych przez siebie błędów. Nie dla samych błędów, rzecz jasna – ale „ze względu na to, że została jej podarowana kolejna szansa, aby zasmakować własnej słabości i bezradności oraz stanu, kiedy jesteśmy pozbawieni łaski Bożej". Toteż jej autobiografia, *Dzieje duszy*[4], stanowi prawdziwy hymn „ku czci słabości, która została z radością przyjęta i dzięki łasce przemieniona w nadprzyrodzone zwycięstwo"[5].

Reasumując, „beze Mnie nic nie możecie uczynić" (J 15,5) znajduje swoje dopełnienie we „wszystko mogę w Tym, który mnie umacnia" (Flp 4,13).

---

[4] *Dzieje duszy* prezentują wersję rękopisów św. Teresy z Lisieux opracowaną przez matkę Agnieszkę od Jezusa. Jeszcze godniejsze polecenia są *Rękopisy autobiograficzne*, opublikowane w Polsce po raz pierwszy w 1997 roku przy okazji ogłoszenia świętej Doktorem Kościoła, które – jak głosi zachęta na książce – „pozwalają dotrzeć do Teresy prawdziwszej, dalekiej od obrazu czułostkowej *Tereni*, jaki dotąd był rozpowszechniony. Ona sama mówiła: *Nie znacie mnie takiej, jaką jestem...*".

[5] A. von Hildebrand, *Przywilej bycia kobietą*, s. 71 (tamże cytat ze św. Augustyna).

Zakończmy te wstępne rozważania modlitwą zaczerpniętą z *Naśladowania Chrystusa*[6]:

O, jakże mi jest potrzebna Twoja łaska, Panie, abym wstąpił na drogę doskonałości, jakże mi jest potrzebna do rozpoczęcia i do osiągnięcia! Bez niej nic nie potrafię uczynić, ale wszystko mogę w Tobie, jeżeli umacnia mnie łaska.

O łasko prawdziwie niebiańska, bez której nic nie znaczą własne zasługi i nieważne są jakiekolwiek dary natury! Cóż znaczy sztuka, bogactwo, piękność i dzielność, co znaczy dla Ciebie geniusz czy krasomówstwo, gdy nie ma łaski? Bo darami natury obdzieleni są zarówno źli, jak i dobrzy, ale darem tylko wybranych jest łaska, to znaczy miłość, wyróżnieni łaską stają się godni życia wiecznego.

Tak potężna jest łaska, że bez niej nic nie waży – ani dar prorokowania, ani zdolność czynienia cudów, ani żadne wzniosłe dociekanie prawdy. Bo Ty nie uznajesz żadnych cnót ani wiary, ani nadziei bez miłości i łaski.

Błogosławiona łasko, ty, która ubogiego duchem czynisz bogaczem dobra, a z bogacza robisz człowieka pokornego serca, przyjdź i zstąp na mnie, napełnij

---

[6] Tomasz a Kempis, *Naśladowanie Chrystusa*, III, 55.

mnie od rana swoim ukojeniem, aby dusza moja nie upadła w znużeniu i oschłości.

Błagam Cię, Panie, abym znalazł łaskę w Twoich oczach, wystarczy mi bowiem Twoja łaska, nawet jeśli nie otrzymam nic z tego, czego pragnie moja natura. Wśród pokus i udręk nie ulęknę się zła, dopóki będzie ze mną Twoja łaska. Ona jest moją dzielnością, ona przynosi radę i pomoc. Ona – potężniejsza od wszystkich wrogów i mądrzejsza od wszystkich mędrców razem wziętych.

Boże upodobanie

Bóg od zawsze umiłował to, co małe, słabe, niepozorne. Całe Pismo Święte przekonuje nas o tym. Ulepienie człowieka z gliny i uczynienie go czymś „niewiele mniejszym od aniołów"; dzieje Józefa; sam fakt wybrania tak niepozornego narodu żydowskiego; wybór Saula na króla, zwycięstwo Dawida nad Goliatem, dzieje Estery i Judyty; duch, jakim tchną psalmy; dzieje garstki Machabeuszy rzucających wyzwanie całej potędze Epifanesa… Przykłady można by mnożyć, ale nie ma potrzeby. Skupimy się bezpośrednio na Nowym Testamencie, a i to bardzo pokrótce. Pamiętaj jednak, adepcie świętej alchemii, o tej wielkiej zasadzie. Bóg, który jeden jest wielki, miłuje to, co jest małe – i to, co świadome swojej małości. Tylko małość pozwala nam zanurzyć się w Jego wielkości. Tylko poczucie naszej słabości czyni nas uczestnikami Jego wszechmocy… To jest pierwsza lekcja alchemii, jaką znajdujemy w Starym Testamencie. Streśćmy ją słowami Dawida ruszającego przeciwko Goliatowi.

Przyszły król Izraela jest ubogim pasterzem. Na jego rynsztunek składają się kij, pięć kamieni, torba pasterska i proca. Cóż to jest wobec potęgi ciężko opancerzonego giganta? Gdyby Dawid przyjął oferowaną mu przez Saula zbroję, byłby zgubiony. Byłby zgubiony – bo pokładałby nadzieję w tym, co ludzkie. Jego siłą była – na długo zanim święty Paweł sformułował tę zasadę – jego własna słabość. Inną jest moc Dawida – i dlatego jest on zwycięzcą. I dokładnie tak samo powinno być w życiu każdego wierzącego:

Ty idziesz na mnie z mieczem, dzidą i zakrzywionym nożem, ja zaś idę na ciebie w imię Pana Zastępów
(1 Sam 17,45).

Wspomożenie nasze w imieniu Pana, który stworzył niebo i ziemię!

Jezus z Nazaretu, nasz Nauczyciel

On, istniejąc w postaci Bożej,
nie skorzystał ze sposobności, aby na równi być z Bogiem,
lecz ogołocił samego siebie, przyjąwszy postać sługi,
stawszy się podobnym do ludzi.
A w zewnętrznym przejawie, uznany za człowieka,
uniżył samego siebie,
stawszy się posłusznym aż do śmierci – i to śmierci krzyżowej.
Dlatego też Bóg Go nad wszystko wywyższył
i darował Mu imię ponad wszelkie imię,
aby na imię Jezusa zgięło się każde kolano
istot niebieskich i ziemskich, i podziemnych
(Flp 2,6–10)

W przepięknym schemacie błogosławionego ojca Chevriera nt. kapłaństwa[7] ten mądry kapłan i serdeczny przyjaciel św. Jana Marii Vianney'a stwierdza, że każdy ksiądz powinien być „drugim Chrystusem" – *alter Christus* – w trzech fundamentalnych punktach: ubóstwie żłóbka, cierpienia Kalwarii i miłości eucharystycznej. Warto pójść tym tropem i przyjrzeć się temu zdumiewającemu sposobowi działania, jaki dla naszego zbawienia przyjął Pan Jezus.

---

[7] Zob. s. 158.

Nazaret i Betlejem

Tajemnica Wcielenia jest tajemnicą odarcia się, uniżenia, ubóstwa najgłębszego. Słowo staje się ciałem w najbardziej pogardzanej żydowskiej mieścinie („Czyż może być co dobrego z Nazaretu?" – J 1,46). Dzieje się to w zupełnym ukryciu. Alicja von Hildebrand pisze:

> Niezwykle znamienny jest fakt, że tajemnicę tę spowijała zasłona głębokiego milczenia i nawet święty Józef nie został w nią wtajemniczony. Świat uległ wówczas radykalnej przemianie, o czym nie dane było wiedzieć nikomu oprócz jednej pokornej Dziewicy. Świeckie wydarzenia dokonują się często w atmosferze sensacji, natomiast Boskie tajemnice dochodzą do głosu w sposób dyskretny i ukryty. Dlatego było rzeczą stosowną, aby to oszałamiające wydarzenie pozostawało zanurzone w świętej ciszy[8].

Pan Jezus rodzi się w ubogiej stajni. Nic tam nie mówi o Jego chwale – przynajmniej dopóki nie rozlegnie się śpiew aniołów. Kim jest to Dzieciątko w żłóbku? Albo raczej: kim jest ten Zbawiciel Wszechmocny? Jest bezbronnym niemowlęciem; jest – rzec by się

---

[8] A. von Hildebrand, *Przywilej bycia kobietą*, s. 96.

chciało – wcieleniem nie tyle wszechmocy, co słabości. Oto Jego styl. Umiłuje prostaczków, wskaże za przykład niewinne dzieci, da klucze królestwa prostemu rybakowi. Teraz leży w żłobie, ogrzewany bliskością poczciwych bydląt: „Wół rozpoznaje swego pana i osioł żłób swego właściciela", i zapomniany, nierozpoznany, wzgardzony przez swój lud: „Izrael na niczym się nie zna, lud mój niczego nie rozumie" (Iz 1,3). Pierwsze hołdy – po tych Maryi i Józefa – odbiera od wzgardzonych przez resztę społeczeństwa pasterzy…

Refleksja

Któryś z Ojca, o Panie, zrodzony przed wiekiem
Nie wzgardziłeś i w czasie porodzeniem z Panny:
Dawca życia dzieciątkiem; Stworzyciel – człowiekiem;
Wszechobecny – Wszechmocny – Wieczny – Nieustanny –
Dzieckiem w żłóbku – bezbronnym – w czasie – śmiertelnikiem…
Więc cześć Tobie i chwała, choć ludzkim językiem –
Niepojęta, niezmierna, więc – niewysłowiona!

A jak wygląda Jego życie po tym – z ludzkiej perspektywy – betlejemskim „falstarcie"? Po powrocie z Egiptu następuje ten trzydziestoletni okres życia ukrytego, niepozornego; życia wypełnionego prostą pracą; życia streszczonego przez ewangelistę św. Łukasza w słowach: „był im poddany" (Łk 2,51). Ukrycie,

praca, poddanie… Trudno o triadę bardziej sprzeczną
z maksymami tego świata (sława, wygoda, wpływy)!

Refleksja

Przykład życia Pana Jezusa, świętego Józefa i Najświętszej Panny
Maryi z miejsca uczy nas przewracania do góry nogami hierarchii
wartości tego świata. To życie ukryte, ciche, pokorne i pracowite było
najwartościowsze przed obliczem Bożym. Chrześcijanin ma być wiel-
koduszny – więc i gotów na wielkie dzieła – ale zawsze pamiętając, że
wartość jakiegokolwiek działania wypływa z miłości. Toteż najprostsze
prace wykonywane przez Świętą Rodzinę miały nieporównanie większą wartość od największych dzieł apostolskich wszystkich wieków.
Zrozumieć choć trochę wagę tego życia ukrytego – to znaleźć kamień
filozoficzny i zgłębić tajemnicę świętej alchemii!

Kalwaria

O ile całe życie Pana Jezusa – i to ukryte, i to publiczne
(pełne niezrozumienia, odrzucenia, nienawiści i prze-
śladowań) – nacechowane jest tym, co małe, niepozorne,
godne wzgardy w oczach świata, o tyle szczytem tego
fenomenu jest szczyt Kalwarii. Ból i cierpienie, same
w sobie nie tylko bezwartościowe, ale wręcz negatywne,
stają się narzędziami odkupienia świata. Pan Jezus
tryumfuje, umierając. Jego wywyższeniem jest krzyż

(por. J 3,14). A „nad ziemię wywyższony, przyciąga wszystkich do siebie (por. J 13,32). Oto środki naszego zbawienia. Zdrada i intrygi, krwawy pot, policzki i kuksańce, biała szata szaleńca, poniżający sąd, biczowanie, ciernie i plwociny, ciężar krzyża, szyderstwa i wyzwiska, szturchanie i upadki, gwoździe, żółć i ocet, włócznia Longina… I pomyśleć, że my – w przeciwieństwie do Niego, Niewinnego! – mamy tak wielką skłonność do narzekania na to, jak bardzo jest nam ciężko!

Refleksja

Święty Franciszek z Asyżu, pomny na słowa proroka (Ps 22,7): „Ja zaś jestem robak, a nie człowiek", przypominał sobie Mękę Pańską, ilekroć widział robaka. Uwaga! Biedaczyna z Asyżu nie był takim „ekologiem", jak się go niekiedy przedstawia. Przeciwnie, był *teologiem*, nawet jeśli bez dyplomu. A do tego był wielkim mistrzem naszej alchemii, toteż potrafił z najnędzniejszego stworzenia – jakim jest robak – uzyskać szczere złoto najwyższej kontemplacji. Patrzył na robaka i dostrzegał miłość Zbawiciela, która z kolei potęgowała jego własną miłość. Gdybyśmy mieli czyste oczy świętego, wszystko mówiłoby nam o Bogu!

Tabernakulum

Warto wreszcie pochylić się nad najświętszą tajemnicą pozostawania Pana Jezusa pośród nas już po Jego chwalebnym Wniebowstąpieniu. Jest On sakramentalnie obecny – z ciałem i krwią, duszą i bóstwem – w Najświętszym Sakramencie ołtarza, pod najbardziej niepozorną postacią chleba. Wcielając się, Pan Jezus niejako „odarł się" ze swojej Boskości. Pozostawał Bogiem, ale kto Go widział, widział tylko człowieka... W Najświętszym Sakramencie pozostaje Bogiem i Człowiekiem, ale Jego odarcie się jest jeszcze głębsze. Święty Tomasz wyśpiewuje tę tajemnicę z zachwytem:

In cruce latebat sola Deitas, at hic latet simul et humanitas![9]

Pomyślmy dalej, że ten Bóg Wszechmocny wystawia się w Najświętszym Sakramencie na niezliczone zniewagi, nieuszanowania, świętokradztwa. Pomyślmy, w jak wielu kościołach jest opuszczony i zaniedbywany. Dla naszej miłości – aby być blisko nas, aby móc dawać nam siebie samego i ogrom swoich łask – pozostaje jednak mimo wszystko w niezliczonych tabernakulach. Największy skarb obecny na tej ziemi; najdroższe lekarstwo naszych dusz; Emmanuel – Bóg z nami – tak jest cichy, tak ukryty, że nie tylko niedowiarkowie nie

---

[9] *Bóstwo swe na krzyżu skryłeś wobec nas; tu ukryte z Bóstwem Człowieczeństwo wraz...*

zwracają na Niego uwagi, ale – niestety! – jakże często
również katolicy…

Refleksja

Co gorsza, nierzadko wrogowie Kościoła mają więcej wiary niż Jego
dzieci. We Włoszech (ale pewnie i w innych krajach) istnieje potworny
rynek, na którym obraca się konsekrowanymi Hostiami. Ci, którzy je
kupują – lubią płacić za nie symboliczną kwotę 30 euro (przywołującą
na myśl 30 judaszowych srebrników) – bez wątpienia wierzą w obecność Pana Jezusa w Najświętszym Sakramencie. Nienawidzą Go.
Bezczeszczą Hostie, odprawiając diabelskie rytuały. Ale nie przeczą
tej Obecności. Moglibyśmy się wiele nauczyć od naszych wrogów!

Cuda Pana Jezusa

Kiedy diabeł kusi Pana Jezusa na pustyni, proponuje
mu, ni mniej, ni więcej, coś w rodzaju alchemicznych sztuczek. Zbawiciel odrzuca z pogardą pokusy
łatwego sukcesu, taniej popularności czy ziemskiej
potęgi, swojej wszechmocy nie używa na własną korzyść. Później jednak, w toku działalności publicznej,
wykonuje liczne cuda mające wzbudzić lub umocnić
wiarę ich świadków. Zastanawiające – i, jak sądzę,
znamienne – jest to, czym posługuje się przy niektórych swoich cudach.

To jasne: On, Bóg wszechmogący, mógłby stwarzać rzeczy z niczego. I rzeczywiście, niektóre ze znaków dokonują się tylko gestem, słowem, aktem woli. Kiedy jednak Zbawiciel chce posłużyć się czymś materialnym, wybiera zawsze coś znikomego, nędznego, pozbawionego wartości. Nie potrzebował więc Pan Jezus wody, aby uczynić z niej wino (J 2,7–9), albo błota, aby uzdrowić nim ślepca (J 9,6–7), czy też ryby, aby przyniosła mu pieniążek dla zapłacenia podatku (Mt 17,27). Nie potrzebował pięciu chlebów, aby nasycić nimi pięć tysięcy mężczyzn, ani siedmiu chlebów dla czterech tysięcy (Mk 8,18–20). Dlaczego więc chce skorzystać z tych środków tak nędznych?

Po pierwsze, to właśnie te nędzne środki najdobitniej pokazują Jego Wszechmoc. Gdyby tysiącom głodnych ludzi powiedział tylko: „bądźcie nasyceni” – i byliby nasyceni, wrażenie byłoby dużo mniejsze. To, że posługuje się *czymś*, ale czymś zupełnie nieproporcjonalnym dla osiągnięcia celu, zbija nas z pantałyku; potwierdza Jego wszechmoc, budzi tym głębszą wiarę.

Z drugiej strony, nasz dobry Pan daje nam w ten sposób wielką naukę odnoszącą się do naszej wartości. Jesteśmy nędznymi stworzeniami – On jest wszechmocnym Stwórcą. Jesteśmy grzesznymi ludźmi – On Dobrem nieskończonym. Jesteśmy ułomni – On doskonały. A mimo to pragnie On współpracować z nami.

Chleby i ryby, błoto i woda pokazują nam, że jakkolwiek jesteśmy bezwartościowi, jesteśmy też… bezcenni.

Dalej, po trzecie: Pan Jezus uczy nas doceniania rzeczy małych. Uczy nas także wykorzystywania ich. Po ludzku, apostołowie przy rozmnożeniu chlebów mogli przecież powiedzieć: „Nauczycielu, daruj – ale to przecież nie ma sensu!", i odmówić współpracy. Słudzy w Kanie Galilejskiej mogli powiedzieć: „Przecież nie będziemy po próżnicy nosić setek kilogramów ani tym bardziej stroić sobie żartów ze starosty weselnego!". Potrzeba wiary, którą praktykujemy właśnie, kiedy środki jawią się jako nieproporcjonalne do celów…

Refleksja

Święty Maksymilian w obozie koncentracyjnym rozdawał innym swój chleb. Mała porcja podzielona na wiele osób – nie mogła nikogo nasycić, nie mogła nawet oszukać głodu. Ale pozostawała wielkość gestu, który karmił dusze; przywracał wiarę w ludzką dobroć – a konkretnie w tę dobroć, która wypływa z miłości Boga.

Jest i czwarty powód takiego działania Pana Jezusa. Znikomość środków, jakimi posłużył się przy niektórych swoich cudach, miała nas przygotować na świętą niepozorność, z jaką działają sakramenty.

Sakramenty

Spójrz na wzniosły obrzęd chrztu świętego. Owszem, tchnie on powagą! Ale jego sednem nie są dostojne oracje i poruszające egzorcyzmy. Sednem jest polanie wodą – najprostszą z cieczy – przy jednoczesnym wypowiedzeniu formuły. Spójrz na ten obrzęd oczyma niedowiarka. Ksiądz pokropił wodą – i co? I dokonała się największa możliwa przemiana. Boże stworzenie stało się Bożym dzieckiem. Dusza stała się przybytkiem Boga. W tej chwili, kiedy dokonał się obrzęd, zaszło coś tak niewypowiedzianie wielkiego, że żadne fajerwerki tego świata nie byłyby w stanie oddać tej wielkości. Gdyby katechumenów chrzczono olejem nardowym i gdyby do chrztu potrzebna była asysta papieża z całym jego dworem, i gdyby zamiast białej szaty chrzcielnej używano złota i bisioru, wszystko to byłoby niczym (i, co więcej, byłoby kiczem!) w porównaniu do tego, co dokonuje się w duszy ludzkiej w chwili chrztu świętego. Tylko szlachetna prostota wody zasłużyła na to, by symbolizować tę przemianę…

Spójrz z boku (i z bezpiecznej odległości, aby niczego nie podsłuchać!) na konfesjonał. Przychodzi do niego grzesznik pełen ohydnych występków. W pewnym momencie ksiądz podnosi nad nim rękę, coś mamrocze, kreśli znak krzyża… – i wychodzi z konfesjonału dusza czysta! Żaden chemik, żaden wynalazca, żaden artysta nie jest w stanie wykonać niczego, co by bodaj w najmniejszym stopniu ilustrowało tę przemianę!

Spójrz na bierzmowanie, które – znowuż z jaką powściągliwością gestów – czyni z chrześcijanina żołnierza Chrystusowego, dając mu siły na duchowe batalie… Spójrz na konającego, jak otrzymuje ostatnie namaszczenie… Spójrz na parę narzeczonych, którzy składają sobie przysięgę małżeńską. Wczoraj nie wiązało ich nic oprócz płonnego uczucia i niezobowiązujących planów na przyszłość. Od dzisiaj żadna moc ludzka nie może ich rozłączyć! Spójrz na biskupa nakładającego ręce na kandydata do stanu kapłańskiego. Cóż bardziej niepozornego od tego gestu! I oto klęczącemu mężczyźnie przekazana zostaje największa możliwa władza: władza sprowadzania na ołtarze Boga Wcielonego; władza odpuszczania – w Jego imieniu – grzechów…

Refleksja

Raz jeszcze powtórzmy: możemy się wiele nauczyć od naszych wrogów! W dziewiętnastowiecznym podręczniku okultystycznym przeczytać można: „Msza jest najpotężniejszym zaklęciem. Nekromanta przywołuje zmarłych. Czarnoksiężnik przywołuje diabła – i czyni to z drżeniem. Katolicki ksiądz nie lęka się natomiast przyzywać

Boga żywego! Tylko katolicy mają kapłanów, ponieważ tylko oni posiadają ołtarz i ofiarę, a więc całą religię. Praktykowanie magii jest rzucaniem wyzwania katolickiemu kapłaństwu". Gdybyż wierni (a nierzadko także sami księża!) mieli podobne pojęcie o wielkości katolickiego kapłaństwa!

Chłop z rodziny od wieków służącej którejś z arystokratycznych rodzin przyjął święcenia kapłańskie. Przyjechał do rodzinnej wsi z prymicją – a książę pan, witając go, całuje go w rękę. Skonfundował się, biedaczysko – z dziada pradziada cała rodzina czapkowała dziadom i pradziadom pana księcia, a teraz… Skonfundował się – i rękę cofnął. I wtedy książę pan dał młodziutkiemu księdzu dosadną, lecz wspaniałą lekcję tego, czym jest kapłaństwo.

„Ty chamie! – powiedział – Ja nie ciebie, ja Chrystusa całuję w rękę!"

I nade wszystko, spójrz raz jeszcze na Pana Jezusa ukrytego pod najbardziej niepozornymi postaciami chleba i wina w Najświętszym Sakramencie…

Niech zatrwoży się cały człowiek, niech zadrży cały świat i niech rozraduje się niebo, gdy na ołtarzu w rękach kapłana jest Chrystus, Syn Boga żywego. O wzniosła pokoro! O pokorna wzniosłości, bo Pan wszechświata, Bóg i Syn Boży, tak się uniża, że dla naszego zbawienia ukrywa się pod niepozorną postacią chleba! Patrzcie, bracia, na pokorę Boga i wylewajcie przed Nim serca wasze, uniżajcie się i wy, abyście zostali wywyższeni przez Niego. Nie zatrzymujcie więc niczego z siebie dla siebie, aby was całych przyjął Ten, który cały wam się oddaje[10].

Kościół

To, co dostrzegamy w życiu Pana Jezusa od Betlejem po Kalwarię, w Jego cudach i sakramentach, tym dobitniej widzimy w ustanowionym przezeń Kościele. Zbawiciel oparł go na dwunastu prostych ludziach. Jeden z nich był celnikiem, pozostali rybakami. Jeden zdrajcą, a wszyscy słabymi ludźmi, którzy w chwili próby uciekli. Poza Mateuszem byli niewykształceni. Nie znali świata. Nie przywykli do dalekich podróży. Nie byli krasomówcami ani znawcami Pisma Świętego. Słowem, po ludzku, nie mieli żadnych kwalifikacji do tego, żeby podjąć się podboju świata. A jednak, ruszyli na jego podbój – i zwyciężyli.

Poprzez stulecia ludzka słabość pozostaje stałym elementem gry. W Kościele zawsze w mniejszym lub większym stopniu obecne były wszystkie ludzkie nędze – zarówno pośród wiernych, jak i duchownych. Kiedy pewnego razu Napoleon Bonaparte pysznił się,

---

[10] Św. Franciszek z Asyżu, *List do całego zakonu* [*Pisma*, s. 254–255].

że zniszczy Kościół, kardynał Consalvi ze spokojem odpowiedział mu: *„Sire*, nie uda się to Waszej Wysokości. Nawet nam – duchownym – nie udało się to przez osiemnaście stuleci!".

A mimo to – mimo wszystkich ludzkich niewierności wszystkich tych stuleci (teraz już dwudziestu) – Kościół trwa, niezłomny, niezwyciężony, niezniszczalny. I nawet jeśli dzisiaj przechodzi kolejny na pozór śmiertelny kryzys, trawiony nie tylko (i nie przede wszystkim) skandalami obyczajowymi, ale nade wszystko… zapominaniem o Bogu oraz stawianiem w centrum człowieka (czyli: kompletnym odwróceniem zasad naszej zdrowej alchemii); nawet jeśli wielu ludzi dobrej woli jest na krawędzi utraty nadziei – przecież wiemy dobrze, że bramy piekielne i tym razem go nie przemogą. A nędza czynnika ludzkiego w naszych czasach tylko posłuży apologetom przyszłych pokoleń, aby tym dobitniej ukazywać Boski charakter tego Kościoła. „Spójrzcie – powiedzą oni – na Kościół początków xxi wieku! Kościół, który przeżył to wszystko, musi być Boski – bo żadna instytucja czysto ludzka nie przetrwałaby tego!".

Refleksja

U szczytu rewolucyjnej pożogi we Włoszech, w czasie, kiedy ziemska potęga papiestwa waliła się w gruzy, kiedy Pius vi umierał uwięziony we Francji (a jego ciało miało czekać kilka miesięcy na pochowanie jako „obywatel Braschi"), kiedy wybór kolejnego papieża był możliwy wyłącznie dzięki kontrofensywie Suworowa i jedynie pod austriacką protekcją w Wenecji, kameduła Mauro Cappellari (późniejszy Grzegorz XVI) publikował swoje dzieło *Tryumf Stolicy Świętej oraz Kościoła*. Wiary tego kameduły potrzeba katolikom wszystkich czasów trudnych, także nam!

Pamiętać o ludzkim czynniku obecnym w Kościele i w jego historii – jest czymś ważnym, aby nie tracić głowy, jeśli zdarzają się zgorszenia. Sprawą większej wagi jest jednak pamięć na element Boski. To on daje nam ufność, pokój, nadzieję. Oba elementy wzięte razem stanowią zaś naszą alchemiczną mieszankę. Doskonale ujmuje to wielki specjalista od Bożej alchemii, święty Maksymilian Maria Kolbe:

Oto, co Niepokalana potrafi z nami zrobić. Pozbiera śmiecie z całej Polski i potem pokazuje, co Ona może zrobić[11].

W dziejach Kościoła nie brakuje olśniewających przykładów na tę regułę. Wystarczy pomyśleć o trojgu ubogich pastuszków z Fatimy: trudno zaiste o mniej

---

[11] Św. M. M. Kolbe, *Konferencje*, s. 92 (Konferencja z 14 marca 1937).

adekwatne narzędzie do zmiany dziejów świata. Podobnie zresztą można powiedzieć o prostej zakonnicy Faustynie Kowalskiej – i o tylu innych. Ksiądz Dolindo Ruotolo, autor monumentalnego komentarza do Pisma Świętego, jako seminarzysta był – wedle własnych słów – „autentycznym kretynem". Matka Boża cudownie udzieliła mu niepospolitej inteligencji, z zastrzeżeniem, że ograniczała się ona do szerzenia Bożej chwały. Podobnie było z największymi myślicielami franciszkanów (bł. Janem Dunsem Szkotem) i jezuitów (Franciszkiem Suarezem). Każdy z nich wiedział później dobrze, że jest nędznym narzędziem w ręku Bożym. Żaden z nich nie ulegał pokusie przypisania sobie ogromnych owoców ich pracy. Taki właśnie był zresztą fundament niezwykłego rozmachu apostolskiego samego świętego Maksymiliana. Wiedział, że jest… „śmieciem" i że całość dzieła należy do Niepokalanej. Jej ufał, w Jej ręku chciał być narzędziem najwierniejszym, bezwolnym, bezwarunkowo posłusznym – niczego nie przypisując sobie. I dokonał rzeczy zdumiewających, których heroiczna śmierć w Auschwitz była tylko najchwalebniejszym ukoronowaniem.

To skądinąd znamienne, że ten wielki święty oddał wszystko i całkowicie Matce Bożej. O Jej roli będzie jeszcze mowa pod koniec tej książeczki. Godzi się jednak oddać Jej pod opiekę także początek i całość tej lektury. Zdarzyć się może, że czytając o świętej alchemii, ktoś pomyśli niekiedy, że piękne to, ale… za trudne. Świętość jest trudna, to prawda. Gdyby nie była trudna, byłaby… przeciętnością. U boku Niepokalanej trudności łagodnieją jednak. Sił przybywa i przybywa otuchy. Droga staje się przyjemniejsza, znośniejsza. Trud i cierpienie nabierają słodyczy. Nie wierzycie? Spróbujcie!

W życiu świętego Maksymiliana, jak i w życiu wszystkich świętych, doskonale realizowało się to na pozór paradoksalne prawo, które ojciec Dagnino wyraża następującymi słowami:

> Łaska ustanawia w nas nowy, całkowicie nadprzyrodzony porządek rzeczy, według którego człowiek tym więcej czyni i tym więcej rozumie, im bardziej wyznaje, że nie czyni i nie rozumie nic[12].

Rzuciwszy okiem na te ogólne prawidła Bożej alchemii, możemy teraz pochylić się nad kilkoma „metalami nieszlachetnymi", których nie brakuje w naszym życiu, a które doskonale nadają się do tego, aby z nich zrobić czyste złoto.

---

[12] A. Dagnino, *La vita interiore*, 1, 90.

CZĘŚĆ DRUGA

KILKA WSKAZÓWEK DO PRAKTYKOWANIA ŚWIĘTEJ ALCHEMII

*Z perspektywy nadprzyrodzonej nie istnieje nic, absolutnie nic takiego,
co nie mogłoby być obrócone na chwałę Bożą.
Każda klęska może stać się zwycięstwem,
każde upokorzenie cennym klejnotem w czyjejś koronie,
każde cierpienie może się stać chwalebnym znakiem,
który upodabnia cierpiącego do jego Zbawiciela*

— A. VON HILDEBRAND —

Chwila wobec Wieczności

Powszechnie znana jest pocieszająca historia samobójcy z Ars. Człowiek ten w rozpaczy dopuścił się grzechu najstraszniejszego. Dlaczego samobójstwo jest czymś tak strasznym? Ponieważ, jak to ujął pewien autor, samobójca nie tyle morduje siebie samego, co morduje wszystkich ludzi i Boga samego. Samobójstwo jest wyrazem chęci nieistnienia, radykalnego zerwania ze wszystkim i z wszystkimi. Samobójca w sercu swoim zabił świat cały i samego jego Stwórcę. Ponadto zaś – z każdego grzechu człowiek może się podnieść, poprawić. Z samobójstwa nie może: o ile uda mu się je popełnić, wszystko jest stracone. Potworny grzech!

Dzisiaj można dostrzec pewną tendencję do łagodzenia opinii o jego potworności, jak gdyby nie było możliwe popełnienie samobójstwa inaczej jak tylko pod wpływem choroby psychicznej. Tak jednak nie jest. Są samobójstwa popełnione z autentycznej – teologicznej – rozpaczy. Z radykalnego i nieodwołalnego odrzucenia miłości Boga i miłości bliźnich. Z zimnej nienawiści do wszystkiego, siebie samego nie wyłączając.

Nieszczęśnik z Ars popełnił ten właśnie grzech. W tamtym czasie Kościół i społeczeństwo patrzyły nań z całą surowością. Z przyczyn wyżej wymienionych oraz dla zbawiennego pouczenia tych, którzy doznają pokusy zabicia siebie samych, samobójcom odmawiano pochówku w ziemi poświęconej. Zrozpaczona wdowa poszła więc do proboszcza – trudno powiedzieć po co. Po słowo otuchy, pocieszenia? Po irracjonalny akt litości, przez który święty pozwoliłby jej pochować męża – niedowiarka i samobójcę – pośród chrześcijan? Nie wiemy, na co liczyła. Wiemy jednak, co uzyskała. Oto bowiem święty mąż miał widzenie, w którym poznał, że w tym wypadku nie wszystko było stracone.

– Mąż pani jest zbawiony! Tuż przed śmiertelnym upadkiem Matka Boża dała mu czas na wzbudzenie w sobie skruchy!

Był to owoc drobnego aktu nabożeństwa do Najświętszej Panienki wykonanego wiele lat wcześniej. Ten drobny akt sam byłby dobrym tematem na rozmyślanie. Teraz jednak chciejmy skupić się na tej zdumiewającej scenie.

Zrozpaczony człowiek staje na poręczy mostu. Decyzja została podjęta. Decyzja śmiertelnie grzeszna. Co więcej, i wcześniej człowiek ten nie żył w stanie łaski uświęcającej. Gdybyż grzech był widoczny! Gdybyśmy tylko mogli zobaczyć, jak obrzydliwą jest dusza ludzka pozbawiona Bożej łaski; dusza pogrążona w grzechu… Krok naprzód. Człowiek o duszy podobnej do Lucyfera spada w otchłań. Ile trwa upadek? Te kilka sekund dzieliło zatwardziałego grzesznika od łaski. Co wydarzyło się w jego głowie, sercu, sumieniu? Jak wielka była wartość tych paru sekund, skoro ocaliły go one na wieczność!

Nie całkiem nas to dziwi. Człowiekowi stojącemu w obliczu śmierci – na przykład tonącemu – „całe życie przelatuje przed oczyma". Dzieje się to w jednej chwili. Czas jak gdyby zwalniał. Podobnie dzieje się ze snami. Przez długi czas uważano, że całość sennego marzenia (które wydaje się bardzo długie) „wyświetla się" w ludzkim umyśle w jednej chwili. Nawet jeśli jakieś – siłą rzeczy bardzo nieprecyzyjne – badania odchodzą teraz od tej teorii, to przecież doskonale wiemy, że w ciągu dwudziestominutowej drzemki człowiek może prześnić wielopoziomową, pokręconą i potwornie długą przygodę.

To są wzięte z życia obrazki, które mają nam odrobinę przybliżyć prawdę nieporównanie głębszą. Chodzi mianowicie, jak w duchowej podróży naszego samobójcy, o relację czasu – nawet jego odrobiny (a konkretnie odrobiny… nieskończenie małej, o czym za chwilę) – do wieczności.

Zacznijmy od lekko humorystycznego, lecz bardzo mądrego przedstawienia tej sprawy przez C.S. Lewisa, który w usta starego diabła (a więc, uwaga!, rzecz jest pisana z perspektywy piekła!) wkłada następujące słowa:

Ludzie żyją w czasie, lecz Nieprzyjaciel przeznacza ich do wieczności. Dlatego, moim zdaniem, chce On, by zwracali swą uwagę głównie na dwie rzeczy: na samą wieczność i na ten punkt w czasie, który oni nazywają „Teraźniejszością". Teraźniejszość bowiem jest punktem, w którym czas styka się z wiecznością. W odniesieniu do teraźniejszego momentu, i tylko w odniesieniu do niego, doznania ludzi są podobne do doznań, których nasz Nieprzyjaciel doświadcza w stosunku do całej rzeczywistości; tylko w tym momencie darowana jest ludziom wolność i aktualność. Chciałby dlatego, aby ich zainteresowania kierowały się nieustannie albo ku wieczności (co jest jednoznaczne z kierowaniem swych zainteresowań ku Niemu), albo ku Teraźniejszości – by albo rozmyślali o wiekuistej z Nim łączności lub rozłące, albo szli za aktualnym głosem sumienia, znosili aktualnie przeznaczony im krzyż w oparciu o aktualnie otrzymaną łaskę, dziękując za aktualnie przeżywane przyjemności.

W naszym interesie leży, aby odciągnąć ich od tego, co wieczne, i od tego, co teraźniejsze. Mając to na uwadze, kusimy czasem człowieka (powiedzmy jakąś wdowę lub naukowca), aby żył przeszłością. Lecz ma to ograniczoną wartość, gdyż do pewnego stopnia posiadają oni rzeczywistą znajomość Przeszłości, która z kolei ma wyraźnie określony charakter i pod tym względem przypomina wieczność. Daleko lepiej jest nakłonić ich do tego, by żyli Przyszłością. Już biologiczna konieczność skierowuje wszystkie ich namiętności w tę stronę, tak że myśl o Przyszłości budzi w nich uczucia nadziei i trwogi. W dodatku Przyszłość jest im nieznana; skłaniając ich więc do myślenia o niej, skłaniamy ich do myślenia o rzeczach i sprawach nierealnych.

Krótko mówiąc, ze wszystkich rzeczy Przyszłość najmniej przypomina wieczność. Jest ona najbardziej doczesną częścią czasu – Przeszłość jest już bowiem zamrożona i znieruchomiała, a Teraźniejszość jest prześwietlona promieniami wieczności. Stąd poparcie, jakiego udzielaliśmy i udzielamy takim schematom myślowym, jak Twórcza Ewolucja, Humanizm Naukowy czy też Komunizm, które kierują myśli i uczucia ludzi ku Przyszłości, w samo sedno doczesności. Dlatego prawie wszystkie występki i wykroczenia tkwią swymi korzeniami w przyszłości. Wdzięczność kieruje się ku przeszłości, a miłość ku teraźniejszości; strach, chciwość, nieczystość i ambicja ku przyszłości[1].

„Teraźniejszość bowiem jest punktem, w którym czas styka się z wiecznością" – Lewis trafia tu w dziesiątkę, idąc tropem największych autorów duchowych. „W każdej z twoich chwil zawarte jest, jak w małym ziarenku, nasienie całej wieczności" – mówi święty Franciszek Salezy. A święta Tereska dopowiada: „chwila obecna jest skarbem... Każda chwila jest wiecznością".

To w chwili obecnej dokonuje się swoiste „wcielenie" Wieczności w naszym życiu. To prawda zdumiewająca, jeśli spróbuje się spojrzeć – przez solidne szkło powiększające – na wykres ilustrujący czas. Przeszłość obejmuje tysiące lat. Przyszłość (nie wiemy tego) być może także. Teraźniejszość jest natomiast nic nieznaczącym punkcikiem pozbawionym jakiejkolwiek rozciągłości. Jeśli czytasz ten rozdział alchemicznych rozważań,

---

[1] C.S. Lewis, *Listy starego diabła do młodego*, list xv.

to w połowie jest on już przeszłością, w połowie zaś przyszłością: jego moment bieżący jest „nieistniejącym", przesuwającym się punkcikiem. Ten punkcik ma jednak tę przewagą nad całą przeszłością i nad całą przyszłością, że tylko on *jest*. Przeszłość była, przyszłość będzie – i cała ich wielkość i rozciągłość nie zmienią tego, że ***teraz ich nie ma***[2]. Z tej fundamentalnej przewagi wynika gigantyczne wręcz znaczenie chwili bieżącej: chwila ta, jakkolwiek nieskończenie mała, ma swoją wartość nieskończoną, ponieważ to w niej – i tylko w niej – możemy zdobywać Wieczność. Zwraca na to uwagę św. Maksymilian:

Chwila, którą mamy przed sobą, nie wróci już do nas. Jak była dobrze przeżyta, na wieki pozostanie prawdą, że dobrze ją przepędziliśmy. Tego odmienić nie można. Chwila obecna jest w rękach naszych.

---

[2] To, co mówimy o *czasie*, ma swoje przełożenie także na *miejsce*. Jest cechą naszego ciała, że zajmuje ono jakąś przestrzeń. Jest cechą naszej natury, że skłonna jest ona uznawać, iż „wszędzie dobrze, gdzie nas nie ma". To coś zupełnie analogicznego do owego błąkania się po muzeum przeszłości lub po bezdrożach przyszłości – byle uciec od tej teraźniejszości, która jako jedyna jest brzemienna łaską, jako jedyna jest w łączności z wiecznością. Z przestrzenią jest podobnie. „Tu i teraz" – tylko teraz, ale również tylko tu! – mogę się uświęcać.

Nieraz po prostu zapominamy o chwili obecnej
(…). Myśl błąka się gdzie indziej, a chwili obecnej
nie wykorzystuje się należycie[3].

Co to znaczy jednak: wykorzystać ją „należycie"?
Odpowiada św. Maksymilian z całą prostotą: „Dobrze
wykorzystujemy czas, kiedy wypełniamy wolę Bożą".
Życie ludzkie jest ciągiem działań; życie święte jest
ciągiem działań doskonałych (rzecz jasna, mamy tu na
myśli doskonałość moralną, a nie bezbłędność). Jednak
nasze działania możemy doskonalić tylko w chwili
obecnej. Owszem, co do przeszłości – wypada nam
uczyć się z niej, a ponadto przeprowadzać w odniesieniu do niej solidny rachunek sumienia. Owszem,
co do przyszłości – trzeba, powściągając niewczesne
marzycielstwo, rozumnie ją planować. Ale to tu i teraz
rozgrywa się bitwa o moją świętość. Czy teraz pełnię
wolę Bożą? Czy teraz odpowiadam na łaskę? Czy teraz
realizuję moje powołanie?

Każda chwila obecna jest „brzemienna wiecznością". W każdej chwili – kiedy nadejdzie jej moment,
kiedy to właśnie ona będzie teraźniejszością – możemy

---

[3] Św. M. M. Kolbe, *Konferencje*, s. 290–291 (Konferencja z 21.01.1939.
Także pozostałe cytaty ze św. Maksymiliana w niniejszym rozwa-
żaniu pochodzą z tej konferencji).

zdobywać „niewiędnący wieniec chwały". Czynność, którą wykonujemy – możemy wykonać mechanicznie, niedbale, niechętnie; możemy nienawidzić naszej pracy albo i tych, którzy nam ją zlecili. Możemy też w najdrobniejszą nawet pracę włożyć ogrom miłości, do jakiej jesteśmy zdolni.

Ojciec Amato Dagnino właśnie w nauce o chwili obecnej streszcza całe życie duchowe:

> Dusza najmądrzejsza to ta, która – ukrócając stopniowo wszelki nieporządek radości i smutku – cała skupia się na działaniu obecnym, które stanowi środek ciężkości życia nadprzyrodzonego, wykonując je w początku, w przeciągu i u kresu pod wpływem ducha Jezusowego, który winien poprzedzać, prowadzić i wieńczyć wszelkie działanie przynoszące zasługę[4].

Nic ująć, nic dodać – jeśli nie doprecyzowanie, że najlepszym sposobem działania „pod wpływem ducha Jezusowego" jest, jak nas uczy św. Ludwik Maria Grignion de Montfort, czynienie wszystkiego „z Maryją, dla Maryi, w Maryi i przez Maryję". Podobnie zwraca uwagę św. Maksymilian: „Każdy może pozwolić się

---

4 A. Dagnino, *La vita interiore*, 1, 75.

Niepokalanej prowadzić i wykorzystać te chwile jak najodpowiedniej".

Na dobre i na złe, każda nasza chwila jest „kawałkiem wieczności" – tj. każda chwila odbija się na wieczności, czy to pozytywnie, czy to negatywnie. O każdej więc chwili mówi nam Zbawiciel: „gromadźcie sobie skarby w niebie" (Mt 6,20). Łaska wykorzystana będzie procentować; łaska zmarnowana już nie wróci. Toteż każda chwila jest czasem opowiedzenia się za lub przeciw Zbawicielowi. „Wielkość ludzkiego działania – jak mówi papież Pius XII – zasadza się dokładnie na tym, iż przekracza ono chwilę, w której się dokonuje, angażując całe ukierunkowanie ludzkiego życia w zajęcie stanowiska wobec Absolutu"[5].

***

Ojciec Pierre Feige, autor znakomitej książeczki poświęconej temu tematowi[6], wymienia (i omawia) następujące owoce praktykowania uświęcenia chwili obecnej:
- uświęcanie chwili obecnej chroni nas przed grzechem;
- jest ono nie do pogodzenia z letniością i z dobrowolnymi niedoskonałościami;

---

[5] Cyt. za: A. Dagnino, *La vita interiore*, I, 71.
[6] Por. P. Feige, *Santifichiamo il momento presente.*

- pomaga nam uniknąć niepokoju, nieuporządkowanych trosk i znużenia;
- zmniejsza ilość rozproszeń i zapobiega rutynie;
- pozwala nam nieustannie i skutecznie starać się o chwałę Bożą;
- ułatwia nam ciągły postęp na drodze doskonałości;
- sprawia, że szybko osiąga się wielką świętość;
- daje nam pokój;
- upodabnia nas do Boga;
- ściąga na nas Jego upodobanie;
- daje nam rodzinną wręcz zażyłość z Panem Jezusem;
- przemienia według Bożego zamysłu naszą duszę;
- zdumiewająco ułatwia nam życie wewnętrzne.

Większość z tych punktów jest oczywistych; inne łatwo pogłębisz w rozmyślaniu. Na szczególne podkreślenie zasługuje jednak to, że skupienie się na chwili obecnej przynosi nam wielki pokój. Znakomicie ujmuje to o. Fryderyk Wilhelm Faber:

Gdybyśmy uważnie zbadali przyczyny naszych wewnętrznych niepokojów, to odkrylibyśmy je niemal wszystkie w braku poprzestawania na łasce obecnej. „Nie troszczcie się o jutro" (Mt 6,34) – oto niebiańska zasada, mająca zastosowanie zarówno w rzeczach wewnętrznych, jak i zewnętrznych. Z niej tryska pokój serca, gdyż leczy ona najsku-

teczniej przyczyny wewnętrznego niepokoju, jakimi
są głównie pośpiech, porywczość i niepowodzenia
zewnętrzne, albowiem pod jej wpływem pośpiech
ogranicza się do właściwej miary, porywczość ła-
godnieje, niepowodzenie zaś mniej boli[7].

Warto także zwrócić uwagę na owoce tego ćwiczenia, jakie wskazuje św. Maksymilian Maria Kolbe:

Jak dusza zaczyna się starać o chwilę obecną, zaczyna odkrywać nowe światy, skarby myśli, [dostrzegać
własne] niedoskonałości itp., nawet szybkość wy-
konania [pracy] się wzmaga. A co najważniejsze –
dusza zaczyna się oczyszczać, bo stara się, żeby się
nie oderwać od ręki Niepokalanej.

***

Jak uświęcać chwilę obecną? Wielu świętych zwykło
często powtarzać sobie zawołanie: „*Quid ad æternita-
tem!*" – *czym to jest wobec wieczności.* To proste zawołanie stawia nas natychmiast we właściwej perspektywie.
Czym wobec wieczności jest odrobina utrapienia, jakie
niesie ze sobą chwila obecna? Czym wobec wieczności
jest odrobina grzesznej przyjemności, jaką reklamuje

---

[7] F.W. Faber, *Postęp duszy*, cz. 1, rozdz. 13.

nam kusiciel? Czym wobec wieczności jest sama ta nieskończenie mała chwila? W podobny sposób prezydent Ekwadoru i męczennik wiary katolickiej Gabriel Garcia Moreno miał w zwyczaju powtarzać sobie: „cóż będę o tym myślał w chwili śmierci”? Rzeczywiście, chrześcijańska śmierć jest najlepszą perspektywą, z jakiej możemy kontemplować to, co doczesne.

Sednem uświęcania chwili obecnej jest ćwiczenie się w Bożej obecności. Pamiętać zawsze – chwila po chwili – o tym, że Bóg nas widzi, że jest przy nas. Święty Józef Sebastian Pelczar nazywa to ćwiczenie „potężną tarczą przeciw pokusom i główną dźwignią doskonałości”[8], a według świętego Franciszka Salezego w praktykowaniu Bożej obecności zawiera się całe dzieło uświęcenia. Zaiste, skoro żołnierze Napoleona bili się lepiej, wiedząc, że ukochany wódz na nich patrzy, to o ileż bardziej powinno tak być w odniesieniu do nas, na których nie patrzy nieszczęsny Bonaparte, ale sam Bóg będący naszym Ojcem! Kto umie żyć w tej świadomości, ten będzie uświęcał każdą chwilę swojego życia i stanie się wielkim świętym. Póki zaś nie potrafimy utrzymywać się w tej świadomości nieustannie, pamiętajmy, że im częściej i na im dłużej będziemy powracać myślą do Bożej obecności, tym więcej malutkich i ulotnych

---

[8] Św. J.S. Pelczar, Życie duchowe, rozdz. 27, 4.

chwil uświęcimy i tym bardziej postąpimy na drodze doskonałości. Ojciec Faber wymienia sześć sposobów czynienia wszystkiego w Bożej obecności (przy czym zaznacza, że należy sobie wybrać jeden z nich, najbardziej nam odpowiadający)[9]:

- wyobrażać sobie Boga takiego, jakim jest w niebie;
- oglądać Go w Jego wszechobecności;
- traktować każde stworzenie tak, jak gdyby Bóg był w nim sakramentalnie obecny;
- myśleć o Bogu w świetle czystej wiary;
- poszukiwać Go raczej wewnątrz siebie, niż na zewnątrz, choć znajduje się tu i tam;
- nieustannie ciążyć ku Niemu wskutek miłosnego pociągu serca i pewnego instynktu, który przychodzi wraz z postępem w modlitwie.

Niezwykle pożyteczne w naszym staraniu się o dobre wykorzystywanie kolejno po sobie następujących chwil obecnych jest także nabożeństwo do Anioła Stróża. On wszak towarzyszy nam cały czas. Pamięć o jego obecności powstrzyma nas przed popełnieniem niejednej głupoty; niekiedy zawstydzi nas w samą porę. Modlitwa do Anioła Stróża – także krótkie westchnienia ponawiane w ciągu dnia – aby pomógł nam dobrze wykorzystywać czas i aby przypominał

---

[9] Por. F.W. Faber, *Postęp duszy*, cz. II, rozdz. 10.

nam o naszym ostatecznym celu, na pewno nie pozostanie bezowocna.

Dobrym sposobem praktycznym na święte przeżywanie czasu jest dzielenie go na mniejsze części. Jest rzeczą bardzo dobrą w porannym pacierzu oddać Panu Bogu cały nasz dzień. Ale jeśli co jakiś czas – dajmy na to: co dwie godziny – oddamy Mu także ten krótki (dwugodzinny) wycinek naszego dnia, będzie nam dużo łatwiej pamiętać o przeżywaniu go rzeczywiście dla Boga. Będziemy sobie kilka, może kilkanaście razy dziennie przypominać o celu nadprzyrodzonym; będziemy mogli wyprostować naszą intencję, która być może w ciągu tych dwóch godzin przeszła z Bożej chwały na szczebel nieporównanie niższy…

Warto zaprzęgnąć do pracy uświęcania chwili obecnej wszystko to, co w naszym życiu przypomina o upływie czasu i o tym, z jak drobnych chwil składa się on. Warto oddawać Panu Bogu uderzenia naszego serca (a jeszcze lepiej: oddawać je Panu Bogu przez Niepokalaną… szczęśliwy, którego serce bije w rytm słów „Jezus – Maryja!"), nasze oddechy, nasze mrugnięcia oczyma… Warto korzystać z tego wszystkiego, co może nam przypominać o Bogu – jak bicie zegara (święty Maksymilian wykorzystywał bijącą co kwadrans sygnaturkę, żeby przyjąć Komunię duchową) czy codzienne przekraczanie progu pracy czy domu, przej-

ście obok tego czy innego miejsca, minięcie kapliczki,
spotkanie takiej czy innej osoby…

Doceńmy także chwile pozornie „bezwartościowe"
(kolejka w urzędzie, wizyta u dentysty, podróż w tram-
waju…); one także staną się bezcenne, jeśli tylko wy-
pełnimy je Bożą miłością! Jak mówił św. Maksymilian:
„Chwila obecna nie zależy od tego, *co* będziemy czynili,
tylko od tego, ***jak*** będziemy wykonywać czynności: czy
z miłości Bożej, czy z miłości własnej".

Życie składa się z rzeczy małych (o których będziemy jeszcze mówić). Życie święte przerabia te rzeczy
małe na czyste złoto.

Ciało a dusza, czyli prawa i obowiązki osła

A Słowo ciałem się stało
(J 1,14)

*Podobnie rzecz się ma ze zmartwychwstaniem. Zasiewa się znisz-
czalne – powstaje zaś niezniszczalne; sieje się niechwalebne – powstaje chwalebne; sieje się słabe – powstaje mocne; zasiewa się ciało
zmysłowe – powstaje ciało duchowe*
(1 Kor 15,42–44)

W dwudziestoleciu wojennym zdarzyło się w Stanach
Zjednoczonych interesujące ogłoszenie ze strony zarządu poczty. Chodziło o możliwość nadawania pocztą

prochów zmarłych; a dobra wiadomość dla klientów chcących skorzystać z tej usługi była taka, że paczka tego rodzaju – oznaczona adnotacją „przesyłka pozbawiona wartości" – miała być nadawana za minimalną opłatą pocztową.

„Przesyłka pozbawiona wartości" – trudno o mocniejsze ukazanie nędzy ludzkiego ciała. Z drugiej strony, póki to ciało żyje, bywa na tym świecie ubóstwiane; schlebia mu się na wszystkie sposoby; dostarcza najwymyślniejszych przyjemności – o których mówi w taki czy inny sposób miażdżąca większość reklam. Jak to zwykle bywa, obie te skrajne postawy są wykoślawieniem, odbiciem w krzywym zwierciadle wielkich prawd. Ludzkie ciało nie jest pozbawione wartości – i skądinąd także dlatego tradycja Kościoła sprzeciwiała się kremacji (bywającej manifestacją braku wiary w zmartwychwstanie) – jego wartość jest jednak bardzo znikoma, jeśli zestawić ją z wartością ludzkiej duszy. Ciało człowieka nie powinno więc być ubóstwiane; powinno natomiast zostać przebóstwione.

Dusza jest najważniejsza. Dusza ludzka nie działa jednak bez pomocy ciała. Rozum i mózg to dwie różne rzeczy – ale człowiek żyjący w ciele używa rozumu za pośrednictwem mózgu. Kiedy człowiek śpi, jest niezdolny do działań mających wartość moralną. Ciało jest więc dla duszy niezbędnym narzędziem – i o wiele więcej, bo dusza bez ciała nie jest człowiekiem, jest tylko jego częścią, czekającą na zmartwychwstanie ciała, aby ponownie się z nim zjednoczyć. Grzech ludzki wypływa z duszy – wola i rozum są bowiem władzami duszy – ale człowiek grzeszy, używając ciała. Podobnie jest z zasługą: jej sedno jest w działaniu duszy (godziwa intencja, intensywność miłości) – ale działanie ciała jest jej ważną częścią.

Są ludzie pobożni, którzy pogardę ciała posuwają do przesady. Owszem, ciało – zranione grzechem pierworodnym i odczuwające z tak wielką siłą nieuporządkowane pożądliwości – bywa niebezpiecznym nieprzyjacielem naszej duszy. Ale bywa też jej ważnym sprzymierzeńcem. Nie należy go przeceniać – nie należy też lekceważyć. Nie należy mu folgować – nie należy też odmawiać tego, czego potrzebuje. Święty Franciszek z Asyżu lubił nazywać własne ciało „bratem osłem”. Osioł, rzecz jasna, ma więcej obowiązków aniżeli praw. Ale i jemu należy się pokarm i wypoczynek. Św. Josemaria mawiał, że gdyby osiołek był chory, Pan Jezus nie wjechałby do Jerozolimy… Pewnikiem jest jednak, że aby osiołek pracował wydajnie, musi być karny:

Rozważaj dalej cechy osiołka i zwróć uwagę na to, że osioł, aby zrobić coś pożytecznego, musi poddać się woli tego, który go prowadzi… Sam robiłby

jedynie… głupstwa. Na pewno nie wymyśli nic
ponad tarzanie się po ziemi, bieganie do żłobu i…
porykiwanie[10].

Bez wątpienia słowa te można doskonale zastoso-
wać do człowieka, który nie potrafi podporządkować
ciała duchowi, który tarza się po ziemi i porykuje pośród swoich żądz i grzechów. Święty Paweł wzywa nas:

postępujcie według ducha, a nie spełnicie pożądania
ciała. Ciało bowiem do czego innego dąży niż duch,
a duch do czego innego niż ciało, i stąd nie ma między nimi zgody, tak że nie czynicie tego, co chcecie.
Jeśli jednak pozwolicie się prowadzić duchowi, nie
znajdziecie się w niewoli Prawa (Gal 5,16–18).

Bez wątpienia uniknięcie niewoli wymaga podjęcia walki; wymaga okiełznania namiętności; wymaga
umartwienia:

„ci, którzy należą do Chrystusa Jezusa, ukrzyżowali
ciało swoje z jego namiętnościami i pożądaniami”,
mówi św. Paweł (Gal 5,24).

---

[10] Św. J. Escrivá de Balaguer, *Kuźnia* 381.

Cierpienia ciała i jego umartwienia mogą mieć kapitalne znaczenie dla naszego uświęcenia. Podobnie – jego godziwe radości. Ich brak może spowodować duchową katastrofę, o czym była już mowa. Także gesty ciała mają wielką wagę. To inna prawda, o której wielu dzisiaj nie chce pamiętać. „Nie ma po co klęczeć, trzeba zachowywać wewnętrzną pokorę" – mówią niektórzy. Jak gdyby wewnętrzna postawa kłóciła się z jej zewnętrznym wyrazem. A przecież nie powiedzą (miejmy nadzieję!): „nie ma potrzeby zachowywać się uprzejmie wobec rodziców, wystarczy wewnętrzna postawa szacunku". Nikogo nie dziwi czułość gestów pomiędzy ludźmi kochającymi. Nikogo nie dziwi zachowanie postaw pełnych szacunku w odniesieniu do możnych tego świata. Kiedy Adam Michnik pojawił się u prezydenta RP w gumowych kapciach, wywołało to zażenowanie nawet jego najwierniejszych sympatyków. Ilu katolików (może skądinąd takich, którzy nie szczędzili wówczas ironicznych komentarzy redaktorowi „Wyborczej") nie ma jednak żadnej troski o to, jak się ubiorą i jaką przyjmą postawę, spotykając się nie z Bronisławem Komorowskim, ale z Królem Królów. W normalnej sytuacji gest wyraża postawę wewnętrzną. Przeciwstawianie jednego drugiemu jest zaś absurdalnym błędem.

O gestach, szczególnie w kontekście liturgii, pięknie pisał w jednej ze swoich wcześniejszych prac Romano Guardini:

Jak zachowuje się człowiek, gdy wzbiera pychą? Wyprostowuje się, wznosząc głowę, barki i całą swą postać. Wszystko w nim mówi: *Jestem większy niż ty! Więcej znaczę niźli ty!* Natomiast gdy ktoś jest pokorny duchem, gdy czuje się mały, wówczas pochyla głowę, zgina całą swą postać, słowem: uniża się. I to tym głębiej, im większy jest ten, kto przed nim stoi, a im mniej on sam znaczy w oczach własnych[11].

Stąd gesty czci i szacunku. Może nierzadko wykonujemy je niedbale – dając tym samym argumenty tym, którzy wykpiwają ich wyprany ze znaczenia formalizm. To jednak, że wielu źle wykonuje gesty – poczynając od znaku krzyża, od ukłonu, od bicia się w piersi… – nie jest argumentem przeciwko gestom. Niechlujna (albo i wulgarna) mowa ciała zdradza miałkość ducha. Trzeba ożywiać ducha i uczyć ciało podążania za nim. A wtedy znak krzyża stanie się rzeczywiście przywołaniem dwóch największych tajemnic naszej

---

[11] R. Guardini, *Znaki święte*, rozdz. 3: *Klęczenie.*

wiary: Trójcy Przenajświętszej (w imię Ojca… i Syna… i Ducha…) oraz Wcielenia i Męki Pana Jezusa (forma znaku krzyża). Nasze klęczenie będzie rzeczywistym aktem uwielbienia. Nasza pełna czci postawa podczas przyjmowania Komunii świętej będzie odzwierciedlać głęboką wiarę w rzeczywistą obecność Pana Jezusa w Najświętszym Sakramencie. A kiedy ktoś będzie na nas spoglądał z zewnątrz, powie: „nie wszyscy wierzący są bezmyślni i rutynowi w tym, co robią!". Święty Bonawentura miał rację, podkreślając, że pobożność zewnętrzna podsyca tę wewnętrzną. Dobrze wykonany znak krzyża albo inny gest szacunku wobec Boga mogą nam bardzo pomóc w znalezieniu skupienia, w postawieniu się w Bożej obecności (a pamiętajmy, że jest to jedno z fundamentalnych ćwiczeń świętej alchemii).

Święty Franciszek mawiał, że zakonnik w habicie, z kapturem na głowie, ze spuszczonym skromnie wzrokiem, głosi milczące kazanie każdemu, kto go zobaczy. Oto mowa ciała ożywionego duchem.

Gdy zginasz kolano, niechże to nie będzie czynność jakaś pospieszna i niedbała – pisze Guardini – Włóż w nią całą duszę! Ale duszą klękania jest warunek, by i serce w czci głębokiej skłoniło się przed Bogiem. Gdy wchodzisz do kościoła lub z niego wychodzisz, albo gdy mijasz ołtarz, uklęknij nisko, głęboko, powoli, a niech przy tym i pospołu całe twe serce przemawia: *Mój wielki Boże…*[12].

Tyczy się to wszystkich innych gestów. Chesterton zwracał uwagę na to, że nowoczesny człowiek – jakkolwiek w przeciwieństwie do średniowiecznego prostaczka umie posługiwać się pismem – jest prawdziwym analfabetą w sferze symboli i gestów. Postawa ta niekiedy sięga zupełnych skrajności: ludzie są w stanie obwieszać się symbolami, o których znaczeniu nie mają zielonego pojęcia, albo nosić t-shirty propagujące idee zupełnie nieznane żywym słupom ogłoszeniowym, na których wiszą. W całej Europie pozostają w większej czy mniejszej modzie koszulki z cyrylickim napisem „sssr": zapewne większość noszących je ludzi myśli, że jest na nich napisane „ce-ce-ce-pe".

Katolik powinien całą swoją postawą wyrażać swą wiarę. Nie znaczy to: ostentacyjnie obnosić się z nią – ale usunąć ze swego sposobu bycia wszystko, co wierze przeczyłoby. Jest to kwestia zachowania bezwarunkowej przyzwoitości gestów, mowy, ubrania. Jest to kwestia propagowania dobra i unikania zła, jest to kwestia przekazywania innym tego, co szlachetne i dobre, a nie tandety i podłości. Jak często ludzkie ciało – to,

---

[12] Tamże.

które ma być przybytkiem Trójcy Przenajświętszej! – staje się splugawionym bożkiem hedonizmu, pełnym nieczystości! Jak często osoby skądinąd wierzące nie widzą nic złego w wyzywającej postawie i ubraniu, w dwuznacznych żartach i gestach. Dla nich może jest to kwestia żartów – żartów, które może nawet jawią się jako niewinne – ale warto pomyśleć, że taki żart może kogoś innego (jeśli nie samego żartownisia) strącić do piekła.

Kościół przez wieki opierał się stanowczo kremowaniu ludzkich zwłok – po dziś dzień jest ono dopuszczalne tylko przy zachowaniu pewnych warunków. Wynikało to i wynika z głębokiego szacunku do ludzkiego ciała. Czcimy relikwie świętych – przez wzgląd na to, że w dniu zmartwychwstania staną się one na nowo częściami przebóstwionego ciała. Czcimy je dlatego, że święci potrafili swoich ciał używać na Bożą chwałę. Ten sam szacunek dla ludzkiego ciała widać w niekończącej się krucjacie prowadzonej w obronie skromności oraz czystości.

Ciało nie jest najważniejsze. Ale nie jest „przesyłką pozbawioną wartości”. Przeciwnie, ma swoją wielką wartość – nie zapominajmy, że **Słowo stało się ciałem**. Tajemnica Wcielenia jest również tajemnicą wywyższenia ludzkiego ciała – tajemnicą dopełnioną we Wniebowstąpieniu (oraz we Wniebowzięciu

Najświętszej Panny Maryi). Tylko ten jednak, kto uznaje podrzędność ciała w stosunku do duszy, może należycie docenić samo ciało. Kto sprowadza człowieka do materii, życie do doczesności, a miłość do cielesności – ten w istocie sam siebie sprowadza do poziomu bydlęcia. Przeciwnie, kto pamięta o obecności we własnym ciele duszy nieśmiertelnej, kto wie, że ponad człowiekiem jest Jego Stwórca – ten dopiero będzie mógł dać własnemu ciału przynależne mu miejsce. Lepiej bowiem jest – wbrew rojeniom chorobliwych ambicji – być pokornym sługą Boga aniżeli władcą much. Nie ma większego powodu do szacunku dla ludzkiego ciała, jak ten:

> *Czyż nie wiecie, że ciało wasze jest świątynią Ducha Świętego, który w was jest, a którego macie od Boga, i że już nie należycie do samych siebie? Za wielką bowiem cenę zostaliście nabyci. Chwalcie więc Boga w waszym ciele!* (1Kor 6,19–20).

Dla miłości nic nie jest małe!

Euge serve bone, et fidelis:
quia super pauca fuisti fidelis,
super multa te constituam;
intra in gaudium domini tui
(Mt 25,23)

Większa jest wspaniałość zasługi, która pochodzi z miłości Boga, niż ta, która pochodzi z wybitnego charakteru czynu (…). Toteż i nagroda odpowiadająca zasłudze opartej na miłości, żeby nie wiem jak małą była, większą jest od jakiejkolwiek bądź nagrody odpowiadającej czynności o wybitnym charakterze
– ŚW. TOMASZ Z AKWINU[13] –

To, co jest małe, jest małe – ale być wiernym w rzeczach małych jest czymś wielkim
– ŚW. AUGUSTYN[14] –

Na dobrą sprawę cała ta książeczka jest poświęcona rzeczom małym. Temu, co niepozorne, temu, co łatwo przegapić, zlekceważyć. Temu, co niedoceniane nawet przez wielu skądinąd pobożnych ludzi. Którzy to ludzie dopóki nie docenią rzeczy małych, nigdy nie wykroczą poza granice pobożności bardzo przeciętnej. Na nic

---

[13] Św. Tomasz z Akwinu, III, Suppl., 96, ad v.
[14] Cyt. za: A. Royo Marín, *La vita religiosa*, cz. III, rozdz. III, 5.

zda się marzyć o tryumfach w wielkich bitwach, skoro walkowerem oddaje się małe potyczki.

Z całości dotychczasowych rozważań wynika jasno, że z Bożej perspektywy nie ma spraw nieważnych. Rzeczy małe mogą mieć dla naszego życia duchowego znaczenie gigantyczne. Owszem, jeśli idzie o grzech, „rzecz mała", a więc tzw. materia lekka, jest czynnikiem decydującym o tym, że człowiek nie popełnia grzechu śmiertelnego będącego największą katastrofą, jaka może się człowiekowi przydarzyć. Dzięki temu, że materia jego przewinienia jest „lekka", człowiek nie traci więc Bożej przyjaźni; ale i grzech powszedni – zwłaszcza przy całkowitej dobrowolności – jest w swojej istocie czymś strasznym; jest drugą największą katastrofą życia ludzkiego. Zresztą, grzech powszedni usposabia człowieka i niejako przygotowuje do popełnienia grzechu śmiertelnego.

O wadze rzeczy małych, zwłaszcza w perspektywie negatywnej (czyli: drobne zaniedbania, niedoskonałości, grzechy powszednie), mądrze pouczał swoich braci święty Maksymilian Maria Kolbe:

Przy maszynach rozmaitych, przy maszynach skomplikowanych znajduje się bardzo wiele rzeczy małych. Na przykład w samolocie można zauważyć całą moc agrafek. Wobec tak dużego samolotu agrafki są czymś bardzo małym. A służą one do tego, żeby się śrubki nie odkręcały. Zastępują sztyfcik, jak to mówią mechanicy. I gdyby taka agrafka wypadła, a śrubka się odkręciła, mogłaby być katastrofa całego samolotu. A przecież to drobnostka wobec całego aparatu. Podobnie w maszynie drukarskiej czy rotacyjnej, niechby tylko zatkał się mały przewód doprowadzający oliwę, a mielibyśmy zupełne zniszczenie łożysk.

To nie tylko w maszynach i rzeczach materialnych tak bywa, ale tym bardziej w rzeczach duchowych – w rzeczach starania się o uświęcenie duszy. Od małych rzeczy wiele zależy. Sam Pan Jezus powiedział w przypowieści o talentach, że kto nie będzie wierny w małych rzeczach, powoli upadnie w większych[15].

Ważną rzeczą jest dostrzec ogromną wagę drobiazgów. Czyż największa nawet gotycka katedra nie jest uczyniona z tysięcy niedużych cegieł? Gmach jest piękny i imponujący – bo każda z cegiełek jest na swoim miejscu. Owszem, powie ktoś, że przecież jeśli z muru katedry wyjmie się jedną czy drugą cegłę,

---

[15] Św. M.M. Kolbe, *Konferencje*, s. 119–120 (Konferencja z 12.06.1937).

to nic się nie stanie. Nie jest to prawda: stanie się coś, nawet jeśli nie będzie to jeszcze tragedia. Kiedy jednak budując nasz gmach wewnętrzny, naszą gotycką katedrę – świątynię Ducha Świętego! – z rozmysłem stawiamy cegły krzywo albo pozostawiamy w murze luki, tłumacząc się, że to nic nieznaczące drobiazgi, popełniamy kardynalny błąd. Po pierwsze, święty Maksymilian ma rację, dodając w tej samej wyżej cytowanej konferencji, że:

> W sprawie uświęcenia duszy trudno nazwać coškolwiek rzeczą małą, gdyż ze względu na tak ważny cel – wszystko jest bardzo ważne. Tak jak w samolocie ta agrafka ma wielkie znaczenie, tak samo i w rzeczach duchowych, aby się wznosić bliżej Pana Boga, drobnych rzeczy należy dokładnie przestrzegać i są one bardzo ważne. Te rzeczy małe nie są małymi, bo mają skutki duże.

Po drugie, krzywe stawianie muru przypomina postawę pijaka powtarzającego sobie przed każdym kieliszkiem, że przecież „jeden w tę, jeden w tamtą, co za różnica”, że „jednym kieliszkiem przecież się nie upiję”; albo marnotrawcy, który przy każdym zakupie powtarza, że przecież ten pojedynczy wydatek nie zrujnuje jego fortuny. Dziesięć wydatków – lub dziesięć kieliszków – wziętych osobno nie doprowadzi do katastrofy. Ale ich kumulacja: owszem.

Dzieje świata pełne są drobiazgów o najdonioślejszym znaczeniu. Oto poniżej kilka ciekawostek– jakkolwiek pozostawimy je bez wchodzenia w szczegóły, umartwiając nieco ciekawość Czytelnika.

Niezwyciężony Aleksander Macedoński został zabity przez komara. Jednym z ważnych czynników klęski Bonapartego w Rosji były cynowe guziki francuskich uniformów. Wstępem do wojny o sukcesję austriacką było obcięte gdzieś na Karaibach ucho kapitana Jenkinsa. Monarchia we Francji upadła ostatecznie w 1875 roku z powodu mokrego parasola. Wilhelm Orański, na którego życie tyle razy bezskutecznie dybali jakobici, zginął, potknąwszy się na kretowisku.

A ileż katastrof zaczęło się od drobiazgu, takiego jak niezakręcony kurek od gazu czy rzucony beztrosko niedopałek! Wszystko to pokazuje nam wymownie wagę rzeczy małych i może stanowić dobry obraz tego, co grozi nam również w naszym życiu wewnętrznym, jeżeli będziemy drobiazgi lekceważyć. Nie chcemy jednak skupiać się na tej negatywnej stronie zagadnienia, na niebezpieczeństwach ukrytych w drobiazgach. Stwierdzenie, że od ołowianej kuli może zginąć najlepszy nawet alchemik, jest jeszcze dalekie od uczynienia z ołowiu złota. Powiedzieć, że diament można łatwo utopić w błocie, to jedno – a zrobić z błota diament, to coś zupełnie innego. Żeby jednak od aspektu negatywnego przejść do pozytywnego w sposób płynny, posłużmy się raz jeszcze nauką świętego Maksymiliana.

W cytowanej wyżej konferencji daje on taki konkretny przykład „rzeczy małej" o wielkich konsekwencjach: „z początku dusza nie zważa na te drobnostki, na przykład rano nie wstanie zaraz – choćby kilka sekund. To jest drobna rzecz, która już szkodzi". Człowiek nigdy już nie odzyska tych łask, które zmarnował przez te kilka sekund. Owszem, nie należy się zniechęcać, skoro coś takiego się przydarzy – pozostaje jeszcze mnóstwo chwil, w których można zdobyć inne łaski. Ale właśnie: będą one inne. Tych, któreśmy zmarnowali, nie odzyskamy już. A kto wie, jakie łaski czekały na nas; jakie dobre natchnienie otrzymalibyśmy na przykład, gdybyśmy przemogli lenistwo i wstali punktualnie albo oparli się którejkolwiek innej „drobnej" pokusie w ciągu dnia. Święci stali się nimi dlatego, że nie marnowali okruchów łaski – które znaleźć można właśnie w codziennych drobiazgach.

Ważność rzeczy małych nie polega więc tylko na tym, że ich zaniedbanie może się skończyć katastrofą. Są one skarbem, ponieważ zawierają w sobie skarb Bożej łaski. Stworzyciel najmniejszych żyjątek, jakie dostrzec możemy pod mikroskopem, czy ryb ukrytych przed ludzkim okiem przy dnie najgłębszych oceanów; Ten, który nie zapomina nawet o wróblu (Mt 10,29), umiłował to, co małe, i bez wątpienia docenia rzeczy małe. Bo też Bóg jest miłością – a miłość nie lekceważy rzeczy małych. Dość pomyśleć o zakochanych albo o czułości miłości matczynej! Jeden z wielkich mistrzów duchowych w zakresie dbałości o rzeczy małe, założyciel Opus Dei, św. Josemaria Escrivá podkreśla ten właśnie aspekt: „Czy zauważyłeś, w jakich *drobnostkach* wyraża się miłość ludzka? Otóż również w *drobnostkach* wyraża się Miłość Boża"[16]. Ileż radości sprawia najmniejszy nawet gest miłości tym, którzy sami miłują! My tę radość możemy sprawiać samemu Bogu, który słudze wiernemu w rzeczach małych obiecuje „wejście do radości swego pana" (Mt 25,23).

Toteż mistrzowie duchowi niezmordowanie podkreślają wagę tego, co niepozorne, codzienne, szare. Alfons Rodriguez przypominał, że w teatrze bardziej oklaskuje się nie tego aktora, który wystąpił w roli cesarza, ale tego, który lepiej własną rolę zagrał – choćby była to rola wieśniaka lub żebraka. Tak też jest w naszym życiu, „które całe jest jak gdyby przedstawieniem

---

16 Św. J. Escrivá de Balaguer, *Droga* 824.

i komedią, co się prędko skończy, i oby podobała się Bogu, aby się dla niektórych nie stała tragedią"[17]. Funkcja, pochodzenie, urząd, zaszczyty mają bardzo nikłe znaczenie, a i sama waga naszych uczynków blednieje wobec ducha, z jakim je wykonujemy. Rzecz przerażająca (ale i budująca!): cerowanie mężowskich skarpetek przez pobożną żonę okazuje się w ten sposób czymś bardziej uświęcającym aniżeli składanie Przenajświętszej Ofiary przez niechlujnego księdza[18]…

Pewien jezuita, braciszek krawiec, w godzinę śmierci poprosił współbraci, aby mu podali jego igłę. „Oto mój klucz do nieba!" – powiedział, całując ją. A kiedy oni dziwili się, skąd ta pewność zbawienia i skąd tak wielka nadzieja pokładana w prostej igle, odpowiedział, że każde pchnięcie igłą wykonywał z miłości do

---

[17] A. Rodriguez, *Esercizio di virtù cristiane*, t. I, cz. VIII, rozdz. 15 § 6.

[18] Oczywiście, obiektywna wartość Mszy Świętej jest nieskończona – i nieskończenie przewyższa swoją wartością jakiekolwiek ludzkie działanie. Msza odprawiona przez niedbałego (a nawet znajdującego się w stanie grzechu) księdza nadal jest zdrojem łask dla Kościoła: bo w tej Mszy, mimo niedoskonałości sprawującego ją kapłana, odnawia się Ofiara samego Chrystusa. Inną rzeczą jest jednak duch ofiary i miłości, z jakim człowiek robi to, co ma robić. I w tym wymiarze rzecz najbardziej niepozorna będzie bardziej uświęcająca od rzeczy najbardziej olśniewającej, jeżeli tej drugiej ducha takiego zabraknie.

Boga. Oto prawdziwy alchemik! Wykonywać rzeczy zwyczajne w sposób niezwyczajny – tego uczył swoich chłopców święty Jan Bosco. „Czyńcie wszystko z Miłości. Wówczas nie ma rzeczy małych: wszystko jest wielkie" – mówił św. Josemaria Escrivá[19]. Ta metodologia obejmuje oczywiście obowiązki stanu (którym poświęciliśmy osobne rozważanie) – ale nie wyczerpuje się na nich. Błogosławiony Antoni Chevrier z tym samym duchem wykonywał to, co najświętsze, i to, co najprostsze. Powiedziano o nim: „ojciec Chevrier wszystko robi dobrze: dobrze odprawia Mszę i dobrze zamyka drzwi"[20].

Tymczasem błędem wielu wiernych jest zawężanie życia wewnętrznego do samych tylko praktyk pobożnych. Życie chrześcijańskie nie wyczerpuje się i nie wypełnia w samej tylko modlitwie. Dobrze jest modlić się, dobrze jest modlić się w kościele, dobrze jest modlić się dużo. Ale nawet najsurowsze zgromadzenia zakonne spędzają poza kaplicą większą część życia! Jest błędem – i błędem bardzo niebezpiecznym! – lekceważenie tego, co się dzieje w pozostałych momentach dnia, a więc w ogromnej większości naszego dnia. Błędem dusz nieco bardziej zaawansowanych

---

[19] Św. J. Escrivá de Balaguer, *Droga* 813.
[20] Cyt. za: A. Royo Marín, *La vita religiosa*, cz. III, rozdz. III, 5.

jest jednak zawężanie spraw duchowych do modlitwy oraz obowiązków stanu, lekceważąc z kolei to, co wykracza poza te dwa fundamentalne sektory naszego życia. Obowiązki mogą bowiem zajmować kilka albo nawet kilkanaście godzin w ciągu naszego dnia, jeśli weźmiemy pod uwagę np. intensywną pracę zawodową w połączeniu z obowiązkami wobec rodziny.

„Rzeczy małe" pojawiają się natomiast w ciągu całej doby, nie wyłączając czasu wypoczynku. Błogosławiony Wilhelm Józef Chaminade uczył swoich współbraci, aby ilekroć coś na chwilę wyrwie ich ze snu, korzystali z tej okazji do wypowiedzenia aktu strzelistego. Święta dbałość o drobiazgi wkracza do akcji podczas posiłków czy podczas rekreacji. „Czy jecie, czy pijecie, czy cokolwiek innego czynicie, wszystko na chwałę Bożą czyńcie" – 1Kor 10,31: nauczanie świętego Pawła wykracza zdecydowanie poza ściśle pojęte obowiązki stanu!

Jest dla nas rzeczą naturalną myśleć o Maryi w pracach stanowiących nasze obowiązki stanu – pisze o. Neubert, ale iluż z nas nie doszło jeszcze nawet do tego szczebla zjednoczenia z Maryją! – Rzadziej, być może, myślimy o Niej, gdy spożywamy posiłek czy korzystamy z rozrywek lub wypoczynku. Są to chwile spokoju dla umysłu i ciała, w czasie których dajemy chwilę wytchnienia naszej ludzkiej naturze[21].

Także te chwile należy jednak oddawać Panu Bogu – niekiedy podejmując drobne umartwienie przy stole (św. Josemaria Escrivá doradzał za każdym razem odmówić sobie czegoś drobnego tak, aby współbiesiadnicy nie dostrzegli tego), niekiedy przezwyciężając własny smutek, znudzenie, zaaferowanie, aby innym umilić czas godziwej rekreacji (czy to w klasztorze, czy w rodzinie, jest czymś bardzo przykrym dla całej wspólnoty, kiedy ogólną wesołość chwil rekreacji psują czyjeś humory). Kto znajduje się w stanie łaski, ten czyniąc cokolwiek dobrego, nawet najmniejszą rzecz, może postępować na drodze świętości. Wszystko, cokolwiek robimy, może też stać się modlitwą.

Nalezy też doceniać wagę odpoczynku i rekreacji: jest czymś interesującym, że w historii życia zakonnego nie przetrwała żadna reforma, która lekceważyłaby rekreację. Długa i żarliwa modlitwa, surowe umartwienie, wzorowe ubóstwo – to wspaniałe rzeczy, ale „brat osioł" (jak nazywał własne ciało św. Franciszek) ma swoje potrzeby; dusza zaś potrzebuje współpracy ciała. Tym, którzy mogą mieć jakieś skrupuły w tym

---

[21] E. Neubert, *Życie w zjednoczeniu z Maryją*, cz. 1, rozdz. 20.

punkcie – i pod pozorem nieprzerywania służby Panu Bogu chcą odmówić sobie godziwej rekreacji – warto przytoczyć zdanie mądrego ojca Fabera na ten temat:

Niełatwo jest przesadzić, gdy wylicza się korzyści z dobrze spędzonego czasu rekreacji. Umysł nie może być ciągle napięty. Trzeba niekiedy spuszczać cięciwę z łuku, by się nie zepsuł. Dobrze spędzony czas rekreacji owocuje trzema rzeczami.

Po pierwsze, ochrania zdobyte łaski przed najmniejszym uszczerbkiem, broniąc nas przed ostygnięciem zapału. Miłość Boża, towarzysząca nam w pracy, przelewa się także na chwile wytchnienia i w ten sposób nawyk skupienia pozostaje nietknięty, my zaś, w naszej zabawie, pozostajemy nadal u boku swego Ojca niebieskiego, jak pozostawaliśmy w pracy i cierpieniu.

Po drugie, rekreacja nie tylko osłania gotowe nabytki, ale przysparza nam siły, świeżości, ochoty i dziarskości do przyszłej pracy. Dawne łaski się utrwalają i budzi się pragnienie nowych.

O dzieciach mówi się, że więcej rosną we śnie niż na jawie. Podobnie można rzec o rekreacji. To jest jej trzecia funkcja. Podczas niej rośniemy. Nie oznacza ona żadnego zastoju. (…)

Ogromna zasługa rekreacji kryje się już w tym, że zabezpiecza nas przed grzechem, zajmując wolne chwile, w których słabość naszej natury zmusza nas do odwrócenia uwagi od rzeczy nadprzyrodzonych[22].

Analogie do snu i do jedzenia są wyraźne. Wszystkie trzy te elementy naszego wypoczynku i regeneracji wymagają zamknięcia we właściwych granicach (nie jeść poza posiłkami, nie zabawiać się poza czasem na to wyznaczonym; spać dostatecznie dużo, żeby potem nie przysypiać przy pracy itd.). Są to rzeczy, które mogą się nam wydawać małe, ale które mają ogromne znaczenie. Odpoczynek – wraz z rekreacją – i jedzenie są nam konieczne, aby podtrzymywać nas w Bożej służbie. „Jakie zwycięstwa może odnieść żołnierz, który nie odżywia się prawidłowo i zaniedbuje odpoczynek? A my przecież jesteśmy żołnierzami!"[23]

Duszom oddanym Najświętszej Panience o. Neubert radzi, aby ilekroć obowiązki stanu nie dyktują im aktualnie żadnej powinności, zwracać się do Maryi z prośbą o wskazanie, co mają robić. Następnie zaś, trzeba i te czynności oddawać Jej i przez Jej ręce Panu

---

22 F.W. Faber, *Postęp duszy*, cz. 1, rozdz. 14.

23 E. Neubert, *Życie w zjednoczeniu...*, cz. 1, rozdz. 20.

Jezusowi. Może to dotyczyć mnóstwa prac nadprogramowych; może to dotyczyć dzieł apostolatu, ale także zwykłych codziennych drobiazgów – a zwłaszcza chwil, w których czy to z nawału zajęć, czy też wręcz przeciwnie, zupełnie nie wiemy, za co się zabrać. Są to chwile, które łatwo możemy stracić, tracąc zarazem związane z nimi łaski.

W ogóle, z wielką łatwością przychodzi nam niekiedy marnowanie – drobiazg za drobiazgiem – ogromnego kapitału łaski, który przeciwnie byłby dla nas najdoskonalej osiągalny, gdybyśmy tylko umiejętnie żyli chwila po chwili, oddając każde uderzenie naszego serca i każdą naszą czynność – u jej początku, w jej ciągu i u jej kresu – Panu Bogu przez ręce i przez Serce Niepokalanej Maryi. Mistrzami takiego działania byli św. Franciszek Salezy, święty Jan Bosco i św. Josemaria Escrivá. Zapewne jednak najbardziej olśniewającą lekcję „rzeczy małych" daje nam „mała święta" Teresa od Dzieciątka Jezus. Jest ona bodaj najpowszechniej czczoną świętą czasów nowoczesnych. Zdumiewa i pociąga miliony ludzi. A przecież nie zrobiła w życiu nic wielkiego! Jej nauka o wielkiej miłości, z jaką należy… podnosić z podłogi igłę, która na nią spadła… a bardziej jeszcze wcielanie tej nauki w życie z żelazną wręcz konsekwencją i wykonywanie wszystkiego przez miłość Pana Jezusa, uczyniły z niej patronkę misji –

jakkolwiek nigdy nie opuściła ona swojego Karmelu.

Podobnie może dziać się w życiu każdego z nas. Do rzeczy wielkich Bóg powołuje nieliczne dusze. Do wielkiej miłości – wszystkich. Papież Pius XII w przemówieniu do grupy małżonków mówił pewnego razu o ich codzienności – o ile przeżywają ją „w stanie łaski i w duchu wiary, to jest *z Bogiem* i *dla Boga*" – że:

> Jak czarodziejska różdżka, która zamienia w złoto wszystko, czego dotknie, tak też ta ofiara poczyniona przez chrześcijanina w stanie łaski i ukierunkowująca wszystkie jego działania ku Bogu i ku wielkim potrzebom Kościoła oraz dusz, może wznieść do poziomu nadprzyrodzonego apostolatu najmniejsze nawet i najskromniejsze rzeczy[24].

Tak właśnie dzieje się, bylebyśmy potrafili w stosunku do rzeczy małych, najmniejszych stosować prawidła naszej świętej alchemii.

---

[24] Pius XII, Przemówienie do grupy małżonków z 27 marca 1940, cyt. za: A. Dagnino, dz. cyt., I, 74.

Obowiązki stanu

Żeby pomniejszyć znaczenie czyichś osiągnięć, podszeptywałeś: Spełnił tylko swój obowiązek, nic więcej. A ja dodałem: Wydaje ci się, że to mało? Za spełnienie naszych obowiązków Pan wynagradza szczęściem w niebie: *„Euge serve bone et fidelis… intra in gaudium Domini tui"– Bardzo dobrze, sługo dobry i wierny… wejdź do radości Pana twego!*

— ŚW. JOSEMARÍA ESCRIVÁ[25] —

Pewna duchowa córka świętego Andrzeja Huberta Fourneta wspominała następujące wydarzenie. Krzątała się po domu, zamiatając, kiedy z niespodziewaną wizytą zajrzał do niej święty kapłan.

– O czym myślisz, córko moja, podczas twojej pracy? – zapytał.

– O niczym, ojcze – przyznała gospodyni.

– To błąd. Powinnaś myśleć o Bogu i powiadać Mu: „Boże mój, jak ja zamiatam tę izbę, tak Ty wymieć z mego serca wszelki grzech!".

Po czym ciągnął dalej, nawiązując do innych codziennych czynności domowych:

– A kiedy rozpalasz ogień w piecu, powinnaś mówić: „Panie, rozpal tak w sercu moim płomień Twojej miłości!". Kiedy zaś wchodzisz po schodach do twojego

---

[25] Św. J. Escrivá de Balaguer, *Bruzda* 507.

mieszkania, mów: „Daj mi, o Panie, łaskę, abym wspięła się do nieba, jak wspinam się po tych schodach".

Wreszcie zapytał:

– Z kim przebywałaś, kiedy przyszedłem?

– Byłam sama.

– Nie, córko moja. Byłaś z twoim aniołem stróżem: nie zapominaj o jego obecności i dziękuj mu często za jego opiekę!

Ten epizod z życia francuskiego świętego jest dla nas solidną lekcją świętej alchemii. Najbardziej przyziemne spośród codziennych zajęć mogą z *przyziemnych* stać się *niebosiężnymi*, jeśli pójdziemy za nauką św. Andrzeja Huberta.

Powiedzieliśmy już, jakim niewypowiedzianym zdrojem łaski dla całej ludzkości było ukryte życie Świętej Rodziny w Nazarecie. Najprostsze codzienne prace mogą nas upodobnić do Najświętszej Panienki i do świętego Józefa – wszystko zależy od ducha, z jakim je podejmujemy. Jesteśmy źli, może wściekli, że zamiast zająć się czymś „ciekawym" albo „wielkim", musimy chodzić do pracy albo gotować obiady i prać bieliznę? Nudzimy się i niecierpliwimy? Pracę wykonujemy po łebkach, byle szybciej skończyć? – marnujemy czas i siły. Ten czas, o którym powiedzieliśmy wyżej, że jest monetą, za którą kupujemy wieczność. Siły – nie tylko fizyczne, ale i duchowe.

Pycha nie pozwala nam kochać naszego życia. „Wszędzie dobrze, gdzie nas nie ma", mawia się. Z łatwością zazdrościmy innym (zazdrość: najgłupszy z grzechów, bo nie daje człowiekowi ani odrobiny nawet najpłytszej radości), z łatwością popadamy w marzenia o jakimś alternatywnym życiu – w którym nudne i męczące codzienne zajęcia będą tylko bladym wspomnieniem z przeszłości. Oto działanie pychy i ambicji. Uciekamy w marzenia i mrzonki. Są one na pozór bardzo piękne – ot, fałszywa alchemia diabła. Zamienić nudną codzienność na piękną mrzonkę.

Alchemia Boża postępuje inaczej. Jej warunkiem, jak mówiliśmy wielokrotnie, jest pokora – cnota fundamentalna dla naszego duchowego gmachu. Pokora sprawia, że jesteśmy spokojni, pogodzeni z naszymi zajęciami; że odnajdujemy w nich radość, satysfakcję i szczęście. Skoro Pan Bóg postawił nas w tym miejscu, dał nam taką rodzinę, taki dom, taką pracę – to odnajdujemy we wszystkich obowiązkach i okolicznościach Jego Wolę. Wolę, którą umiłowaliśmy. Wszędzie więc dobrze, gdzie jesteśmy! Każda nasza czynność – byleby nie grzech – może zyskać wartość dosłownie niebosiężną, o ile tylko nabierzemy odrobinę ducha, który ożywiał życie w Nazarecie…

Nie ma chyba nikogo – pisze o. Faber – komu naśladowanie Matki Najświętszej w doskonałym

wykonywaniu codziennych zajęć nie przyniosłoby
największych błogosławieństw. Jest to praktyka
wprost znakomita i rzadko ulegająca jakiemuś złu-
dzeniu; dzięki niej nasza władza nad roztargnienia-
mi wzrasta w tym samym stopniu, co wytrwałość
i zręczność w jej stosowaniu[26].

Jeśli jest to prawdą w odniesieniu do ogółu naszych
codziennych zajęć (byleby godziwych), to o ileż bardziej jest nią w odniesieniu do tych, które są naszymi
obowiązkami stanu. Mają one znaczenie tak wielkie,
że w znakomitej definicji świętości papież Benedykt xv
stwierdza wręcz, że polega ona „właściwie wyłącznie
na podporządkowaniu się woli Bożej, które wyraża się
w nieustannym i dokładnym wypełnianiu obowiązków
własnego stanu"[27].

Warto pochylić się nad tą definicją. Zaczyna się
ona od prawdy oczywistej: świętość zasadza się na
zjednoczeniu naszej woli z wolą Bożą. „Jeżeli Mnie
miłujecie, będziecie zachowywać moje przykazania"
(J 14,15). To w woli – a nie w ulotnym uczuciu! – ma
siedzibę cnota miłości, będąca istotą świętości. Święty
to ten, kto naprawdę realizuje przykazanie miłości,

---

[26] F.W. Faber, *Postęp duszy*, cz. ii, rozdz. 10.
[27] Cyt. za: aas 1920, s. 173.

miłując Boga „z całego serca, z całej duszy i ze wszystkich sił". To zjednoczenie naszej woli z wolą Bożą, a więc podporządkowanie naszej woli Jego niezmiennej woli, dokonuje się nie inaczej, jak przez „nieustanne i dokładne wypełnianie obowiązków własnego stanu". Bóg nie żąda od nas zazwyczaj rzeczy wielkich. Żąda, abyśmy wykonywali z nieustanną i nadprzyrodzoną dokładnością to, co jest naszym obowiązkiem.

Wielu ludzi skądinąd pobożnych ulega na tym polu złudzeniom. Nie brak pobożnych żon, które dla swoich praktyk pobożnych zaniedbują mężów i dzieci. Rzadziej, ale przecież zdarzają się i mężczyźni, którzy prowadzą życie tak „pobożne", że zapominają o obowiązkach wobec rodziny. Bywa i tak, że ktoś nie może się doczekać mistycznego zjednoczenia z Bogiem, a tymczasem zaniedbuje okrutną codzienność chodzenia do pracy i rzetelnego jej wykonywania; okazywania zainteresowania i miłości swoim bliskim itd. Bywa i tak, że komuś się zdaje, iż świętość jest nie do pogodzenia z takimi czy innymi przyjemnościami życia rodzinnego. Stąd bywają dewotki, które usiłują na małżonkach wymusić życie jak gdyby ci byli związani ślubem czystości; stąd komuś się wydaje, że lepiej zrobi, opuszczając świąteczny rodzinny obiad, żeby się trochę poumartwiać.

Są to błędy analogiczne w stosunku do pracoholizmu, który pozbawia rodzinę obecności przepracowanego ojca. Parę groszy więcej, jakie zarobi, nijak nie mogą zrekompensować tego, że jego dzieci żyją jak gdyby były sierotami.

Świętość, jak wiemy, wymaga praktykowania cnót w sposób heroiczny. To dlatego Benedykt xv podkreśla „doskonałość i nieustanność" wierności obowiązkom stanu. Pełnić je bardzo dobrze niekiedy – może każdy. Kiedy stan ducha, nastrój, siły, okoliczności zewnętrzne skłaniają nas do wypełniania obowiązków, jakąż mamy w tym zasługę? Ale pozostać wiernym także, kiedy trzeba przemóc siebie samego, kiedy sił nie dostaje i kiedy ochoty zupełnie nie ma… i nie tyle przemóc się raz czy dwa, ale za każdym razem – nieustannie! Oto heroizm cnoty. Cnoty najważniejszej, bo miłości obejmującej wolę Bożą taką, jaką ona jest (a nie jaką byśmy chcieli, aby była). Oto więc gotowy program uświęcenia. Obowiązki stanu są codziennym wyrazem woli Bożej w odniesieniu do nas. Mówią nam one o tym, czego Pan Bóg od nas chce w danym dniu, w danej chwili – a cała istota świętości polega właśnie na pełnieniu Jego woli.

Jest to prawda, która może nas przerażać, jeśli te codzienne obowiązki nas przytłaczają i być może radzi ucieklibyśmy od nich w senne marzenia o czynieniu czegoś innego (choćby nawet wielkich rzeczy w służbie Bożej!). Z drugiej jednak strony jest to prawda bardzo pocieszająca – bo oznacza ona, że świętość jest naprawdę na wyciągnięcie ręki. Dziecko ma słuchać rodziców, uczeń uczyć się pilnie i uczciwie, małżonkowie dochowywać tego, co sobie przysięgli... Pan Bóg nie oczekuje od nas robienia cudów (a choćby oczekiwał – to nie na robieniu cudów zasadzać się będzie nasza świętość!), a zazwyczaj nie oczekuje także robienia rzeczy wielkich. Wymaga od nas „czynienia w sposób nadzwyczajny rzeczy zwyczajnych", jak mawiał św. Jan Bosco.

Jak tego dokonać? Ojciec Faber wskazuje na trzy elementy zewnętrzne i trzy wewnętrzne.

Od strony zewnętrznej, nasze obowiązki winniśmy wykonywać sumiennie, punktualnie i ze skromnością. „Sumienność uczy nas niczego nie zaniedbywać, punktualność – z niczym nie zwlekać, skromność – wykonywać wszystko z wdziękiem i dobrym przykładem"[28].

Doskonałość wewnętrzna wymaga w pierwszej kolejności skupienia, wymaga prawości intencji. Angielski oratorianin mówi: „czynić wszystko dla Boga, w obecności Boga i przez Jezusa Chrystusa"[29]. Intencja jest czymś fundamentalnym. Człowiek czyni niekiedy rzeczy dobre w złej intencji – na przykład daje jałmuż-

---

[28] F.W. Faber, *Postęp duszy*, cz. II, rozdz. 10.
[29] Tamże.

nę dla poklasku. W ten sposób rujnuje całe dzieło, a czynność, która z taką łatwością mogłaby się stać święta, staje się zła. Innym razem człowiek działa dla pobudki, która nie jest zła, ale jest czysto ludzka – na przykład dla przyjemności. Takie działanie może nie być grzeszne – jeśli dana przyjemność jest godziwa – ale będzie pozbawione zasługi. Innym razem jednak działamy… zupełnie bezmyślnie, bez jakiejkolwiek intencji. Można też, niestety, bez wielkiego ryzyka postawić tezę, że z obowiązkami stanu najczęściej dzieje się właśnie tak. „Przyzwyczajenie, pośpiech, niedbalstwo marnują to, co mogło przysłużyć się na większą chwałę Boga – mówi Faber – Ileż lat życia ludzkiego mija bezpłodnie wskutek bezmyślnego braku intencji! Wydawało się nam, że skoro nie czyniliśmy nic złego, wszystko było w porządku, teraz zaś nawet krwawymi łzami nie wypłaczemy powrotu straconych lat!".

Papież Pius XII mówił o tym pięknie w przemówieniu do neapolitańskich kolejarzy (my zaś weźmy sobie to za przykład możliwości uświęcenia każdej uczciwej pracy ludzkiej):

Oto, umiłowani synowie, prosta i łatwa metoda, o której prawdopodobnie wielu z was już wie. Na początku każdego dnia ofiarujcie Boskiemu Sercu Jezusowemu wasze myśli, słowa i działania, wasze radości i cierpienia, jednocząc je z intencjami, w jakich On sam ofiaruje się nieustannie na ołtarzach. Ta ofiara, w miarę możliwości odnawiana w ciągu dnia (zwłaszcza przed ważniejszymi sprawami), a w każdym razie nigdy niecofnięta (nawet nie wprost, to jest przez działania sprzeczne z nią), wystarczy, aby wasze codzienne życie stało się nieustanną modlitwą. Któż może wyrazić, ile łask aktualnych to wasze życie – tym sposobem przemienione i uwznioślone – uzyskiwałoby od Boga i jak spływałyby one, niby deszcze błogosławieństw, na ten wyschły i spragniony świat? Jakiż przyrost łaski uświęcającej można by zdziałać pośród dusz w tym życiu i jakiż wzrost chwały w wieczności?

Tym sposobem maszynista, kierownik pociągu, kontroler, konduktor, dróżnik, telegrafista i urzędnik – wszyscy, przez swoje dni pracy (…) mogą współpracować z Panem Jezusem w dziele ratowania wielu dusz, mogą pomagać światu w stawaniu się lepszym[30].

Kolejnym, według ojca Fabera, atrybutem dobrego wykonywania obowiązków stanu w szkole Najświętszej

---

[30] Pius XII, *Ai numerosi ferrovieri del compartimento di Napoli*, 6 lipca 1952.

Panienki jest działanie zawsze w Bożej obecności. Na temat tej praktyki powiedzieliśmy już w rozdziale poświęconym chwili obecnej; dodajmy jednak w tym miejscu piękną myśl św. Franciszka Salezego (wielkiego mistrza uświęcania najbardziej nawet szarej codzienności): powinniśmy pracować tak, jak to czyniła Najświętsza Panienka – jednej ręki używając do pracy, a drugą trzymając Dzieciątko Jezus.

Wreszcie, powiada Faber, należy czynić wszystko „wedle słów Mszału: przez Chrystusa, z Chrystusem i w Chrystusie" (*per Ipsum, cum Ipso et in Ipso*):

- *Per Ipsum* – „znaczy działać w zależności od Niego, podobnie jak On czynił wszystko w zależności od Ojca i od natchnień Ducha Świętego".
- *Cum Ipso* – „znaczy urzeczywistniać te same cnoty co Chrystus, przybierać Jego usposobienia oraz działać w tej samej intencji, o ile nam na to pozwala ubóstwo naszych możliwości".
- *In Ipso* – „znaczy łączyć się z Jego pracami i współofiarować je Bogu, by dla Jego miłości raczył je przyjąć"[31].

Jak nietrudno zauważyć, sednem praktyki uświęcania obowiązków stanu jest unikanie automatyzmu. Owszem, cnota wytwarza się przez powtarzanie właściwych jej uczynków: za pierwszym razem uczynienie

---

[31] F.W. Faber, j.w.

czegoś (zwłaszcza pokonanie siebie samego) jest bardzo trudne; za drugim – trudne; za trzecim, za piątym, za dziesiątym staje się coraz łatwiejsze… aż w końcu wytwarza się w nas *habitus*, a więc dobrze rozumiany nawyk czynienia dobra. Z biegiem czasu wykonujemy nasze obowiązki z coraz większą łatwością. Łatwość nie powinna jednak oznaczać bezmyślności, a już zwłaszcza – braku miłości.

Bez wątpienia owa duchowa córka św. Andrzeja Huberta Fourneta pracowała rzetelnie i wprawnie. Zapominała jednak o tym, dla Kogo pracuje – toteż w ogromnym stopniu marnowała, z nadprzyrodzonej perspektywy, czas swojej pracy. Działała nieświadomie, mechanicznie, przez sam tylko nawyk, nie dostrzegając w codziennych obowiązkach ani woli Bożej, ani możliwości okazania Panu Jezusowi swojej własnej miłości. Może pracowała też z pewną dozą niechęci czy niecierpliwości, nie mogąc się doczekać przejścia do innego, przyjemniejszego czy bardziej interesującego zajęcia…

Ojciec Emil Neubert zwraca na to uwagę duszom oddanym Maryi:

Jak poznać wolę Maryi w stosunku do naszej osoby? Przede wszystkim przez obowiązki stanu. Są one dla każdego wyrazem woli Bożej, a co za tym idzie: także i woli Maryi. Nie można zatem zaniedbywać zajęć obowiązkowych, tylko po to, aby oddać się pracy, którą sobie wybraliśmy, nawet gdyby to była modlitwa lub dzieła wielkiej gorliwości. Nie należy robić tego, co nam sprawia przyjemność, a odkładać wykonywania codziennych zajęć. Zanim przypodobamy się Maryi wykonywaniem prac nadobowiązkowych, powinniśmy przypodobać się Jej wiernością naszym obowiązkom.

Jednocześnie nie powinniśmy wykonywać zajęć obowiązkowych tylko jako powinności sumienia, rezerwując wszelki entuzjazm dla prac dodatkowych, powziętych z własnej inicjatywy. Należy wkładać całą swoją duszę w wykonywanie codziennych obowiązków, ponieważ w tym zawiera się wola Boża. Czy można sobie wyobrazić, aby Maryja próbowała uwolnić się beztrosko od którejś ze swych skromnych prac domowych? Najlepiej opisuje siebie i swoją postawę, odpowiadając Archaniołowi Gabrielowi: *Oto ja, służebnica Pańska, niech mi się stanie według słowa twego*. Wola Boża jest nieskończenie miła, zawsze i wszędzie, niezależnie od tego, czy prowadzi nas do aktów uwielbienia przed Najświętszym Sakramentem, czy też sprowadza się do pozamiatania schodów[32].

---

[32] E. Neubert, *Życie w zjednoczeniu z Maryją*, cz. I, rozdz. 8.

Ojciec Amato Dagnino[33] zwraca uwagę na to, że nawet w gorliwych zakonach może z łatwością pojawić się niebezpieczeństwo rutynowości. Wszystkie dzwonki i zwyczaje, punktualny rozkład dnia, wspólna modlitwa mogą się wówczas przerodzić w taki bezduszny formalizm. To dlatego spowiednicy i przełożeni muszą stawiać akcent na nieustanne oliwienie mechanizmu (który sam w sobie jest dobry!) olejem miłości, na ożywianie bezdusznej maszyny czystością i wzniosłością intencji.

Tymczasem wszystko to – mój rytm życia, moje obowiązki stanu, moje codzienne praktyki pobożne i to, co mi o nich przypomina, mają być dla mnie wezwaniem do osobistego spotkania z Bogiem, który w każdym momencie gotów jest udzielać mi swojej łaski, swojego światła i swojej radości. W klasztorze każdy wzywający do kaplicy czy refektarza dzwonek jest pełnym miłości wołaniem Boga. Ale także w życiu świeckim – ileż razy w ciągu dnia Bóg nas woła! Trzeba tylko dosłyszeć Jego głos i pojąć rozbrzmiewającą w nim miłość. „Wola Boża jest nieskończenie miła, zawsze i wszędzie!"

---

[33] Por. A. Dagnino, *La vita interiore*, I, 70.

Duch rad ewangelicznych

Jeśli chcesz być doskonały,
idź, sprzedaj, co posiadasz, i rozdaj ubogim,
a będziesz miał skarb w niebie
(Mt 20,21)

Jeżeli powiedzieliśmy parę słów o cierpieniu, jako o czymś, co samo w sobie jest pozbawione jakiejkolwiek wartości – i, co więcej, jest czymś złym – to warto bodaj krótko rzucić okiem także na wyrzeczenia, szczególnie zaś na te trzy spośród nich, które stanowią rady ewangeliczne, oraz szerzej: na umartwienie w ogóle.

Małżeństwo jest świętością. Jest skarbem, o którego drogocenności zaświadczyć mogą tysiące dobrych katolickich małżonków. Podobnie, wielkim skarbem jest nasza wolność. Wreszcie, czymś dobrym jest także własność prywatna. A jednak Pan Jezus tym, którzy chcą iść za Nim – i chcą czynić to idąc bliżej Niego – radzi wyrzeczenie się tych trzech skarbów. Zrozumiejmy to dobrze: gdyby rodzina i płodzenie dzieci było czymś złym (jak nauczały niektóre sekty); gdyby posiadanie własności (jak chcą komuniści) było grzechem; gdyby ludzka wolność nie istniała (jak uczą niektórzy oszalali psychologowie), to nie mielibyśmy się czego wyrzekać. Unikanie grzechu jest wszak i tak naszym obowiązkiem, a z drugiej strony – nikt nie może wyrzec się tego, co nieosiągalne.

Wskazówka Pana Jezusa jest więc inna. Chcesz być doskonały? Zrezygnuj z tego, co dobre – co bardzo dobre! – aby uzyskać jeszcze więcej. Zostaw dla Mojej miłości wszystko; zdaj się całkowicie na Mnie; kochaj Mnie sercem niepodzielonym. Dla miłości Stwórcy zrezygnuj z miłości stworzenia. Dla wolności dzieci Bożych zrezygnuj z wolności dzieci tego świata. Dla zdobycia samego Boga wyrzeknij się tego, co przemijające.

Rzecz jest więc prosta. Zarazem jednak – i ubóstwo, i bycie sługą (ba! niewolnikiem!), i brak ziemskiej rodziny jest w oczach tego świata poniżeniem, przegraną, nieomal „zmarnowanym życiem". Współczesna moda na bycie „singlem" nie ma nic wspólnego z ewangeliczną czystością – jest zwykłą ucieczką od zobowiązań, nie wyłączając przy tym grzesznych przyjemności ciała. W czasach Pana Jezusa bezżenność i dziewictwo były tragedią. Córka Jeftego w perspektywie rychłej śmierci opłakiwała swoje dziewictwo (Sdz 12,30–40) – to znaczy rozpaczała nad tym, że nie umiera jako mężatka i matka. Ubóstwo oznaczało w Starym Testamencie brak Bożego błogosławieństwa: widać to także po reakcji przyjaciół Hioba na spotykające go nieszczęścia. Posłuszeństwo – czyż nie kłóci się z najgłębszymi dążnościami ludzkiego serca? To jednak, co w oczach świata jest przegraną, przez przykład Pana Jezusa staje się uprzywilejowaną drogą do nieba; staje się ową „drogocenną perłą", dla nabycia której warto sprzedać wszystko (por. Mt 13,45–46), warto wyrzec się wszystkiego.

Znowuż więc maksymy tego świata idą w radykalnie innym kierunku od rad Pana Jezusa. Zbawiciel po raz kolejny wskazuje nam to, co drobne, co niepozorne, co wręcz złe i upokarzające w oczach świata. Z wyrzeczeń – a więc z rezygnacji z tego, co dobre – wyprowadza olśniewający skarb. Świętemu Piotrowi, który pytał się Mistrza, co otrzyma w zamian, porzuciwszy dla Niego wszystko („Cóżeś ty opuścił? – pyta św. Jan Złotousty – Trzciny, sieci i łódź!"), Pan Jezus odpowiada: „Każdy, kto dla mego imienia opuści dom, braci lub siostry, ojca lub matkę, dzieci lub pole, stokroć tyle otrzyma i życie wieczne odziedziczy" (Mt 19,29). Dzieje się to niezmiennie od dwóch tysięcy lat. Kto oddaje wszystko Jezusowi, ten nigdy na tym nie traci. „Sto razy więcej" otrzymuje już na tym świecie – dotąd jest to jednak tylko niezwykle udana „spekulacja" w proporcji 1:100. Potem jednak zaczyna się prawdziwa alchemia: życie wieczne! Za co? Za owe „trzciny, sieci i łódź"!

W sposób uprzywilejowany na propozycję Pana Jezusa odpowiadają osoby składające trzy śluby zakonne.

Jeśli jednak, drogi Czytelniku, Ty nie możesz porzucić swoich trzcin i swojej łodzi; jeśli nie jest to Twoim powołaniem i jeżeli obowiązki stanu trzymają Cię gdzie indziej – to pamiętaj dobrze o kultywowaniu ducha ewangelicznych rad. On również jest pogardzany przez ten świat i on również dokonuje alchemicznej zamiany!

Duch ten jest powinnością wszystkich chrześcijan. Życie małżeńskie wymaga doskonałego zachowywania czystości małżeńskiej. Oznacza to szereg wyrzeczeń; oznacza także wzniosłość autentycznej miłości, pełnej szacunku i oddania drugiej osobie. Świat – o czym krzyczy bardzo głośno – nie rozumie tej czystości, być może bardziej jeszcze aniżeli samego dziewictwa. Jest ona w jego oczach czymś godnym pogardy.

Duch ubóstwa praktykowany przez osobę zamożną oznacza powściągliwość w używaniu posiadanych dóbr oraz pamięć na to, że są one w ostatecznym rozrachunku własnością Boga, który udzielił ich tej konkretnie osobie nie po to, aby zapewnić jej wygodne leniuchowanie, ale po to, by dzięki jej hojności mogły służyć także najbardziej potrzebującym. Milioner, zgodnie z własnym stanem życia, powinien dobrze się ubierać. Ale nic nie stoi na przeszkodzie, aby pod elegancką marynarką i koszulą nosił własnoręcznie połatany podkoszulek. Byleby nie było to podyktowane skąpstwem, ale miłością ubóstwa Pana Jezusa.

Ducha posłuszeństwa można praktykować w odniesieniu do godziwych przełożonych, na przykład w pracy, ale także w odniesieniu do godziwych (nie wszystkie są takie) żądań państwa i jego urzędników. Także życie rodzinne dostarcza mnóstwa okazji do praktykowania posłuszeństwa. Wreszcie, rzecz jasna, również życie duchowe otwiera całe pole manewru dzięki autorytetowi władz kościelnych oraz, szczególnie, przez kierownictwo duchowe[34].

Skądinąd, warto tu zaznaczyć, że instytucja kierownictwa duchowego jest kolejnym elementem świętej alchemii: i tu Pan Bóg posługuje się materią bardzo nędzną – człowiekiem ze wszystkimi jego ograniczeniami – aby udzielać swojego światła duszy. Nierzadko zdarza się, że jednocześnie kierownik jakiejś duszy doświadcza swojej zupełnej bezradności – a zarazem daje jej najcelniejsze rady i dusza doświadcza prawdziwych małych cudów, dając się prowadzić…

Słowem, jakkolwiek niewielu jest powołanych do dosłownego wcielania w życie rad ewangelicznych, dla każdego powinny one stanowić jasny i konkretny punkt odniesienia. Istnienie zaś wielu świętych, którzy

---

[34] Nawet jeśli, formalnie rzecz ujmując, w odniesieniu do kierownika praktykujemy raczej uległość (*docilitas*) aniżeli posłuszeństwo (*oboedientia*).

na polu czystości, ubóstwa i posłuszeństwa podjęli wyrzeczenia nieporównanie większe od naszych, powinno być nam pomocą w szczodrym podjęciu tych, jakich Pan Bóg żąda od nas w naszym stanie życia.

***

To, co w sposób szczególny stosuje się do rad ewangelicznych, stosuje się także do wszystkich umartwień podejmowanych przez chrześcijanina, a także do wszystkich udręk, jakie z cierpliwością znosi. Kto wczyta się w Błogosławieństwa na Górze, ten odnajdzie w nich prawdziwy skarb – skarb wystawiony na sprzedaż za prawdziwie okazyjną cenę. Każde umartwienie jest wszak wyrzeczeniem jakiegoś materialnego, a w każdym razie doczesnego, drobiazgu; wyrzeczeniem, które wymiernie przekłada się jednak na zasługę, na miłość, na łaskę. Z porządku skończonego przechodzi się więc na poziom nadprzyrodzony, operując wartościami nieskończenie drogocennymi. Dotyczy to nie tylko wielkich pokut, ale i zupełnych drobnostek. Nic, co robimy z miłości Bożej, nie będzie stracone!

Jak drogocenne stają się też wszystkie nieprzyjemności, jakie mogą nas spotykać ze strony ludzi! Niezrozumienie i śmieszność, odrzucenie i pogarda, wszelkiego rodzaju prześladowania – rzeczy same w sobie bezwartościowe i złe – mogą stać się kuźnią naszej świętości, środkiem upodobnienia do Pana Jezusa, bezcenną lekcją pokory. Będzie tak przede wszystkim, kiedy ktoś sprawia nam tego rodzaju przykrości przez wzgląd na wiarę katolicką – ale nawet jeśli powód byłby dużo bardziej przyziemny, zawsze możemy ze spotykających nas upokorzeń zrobić wspaniały użytek.

Żeby tak się stało, musimy jednak, jak zwykle, podejść do tego, co nas spotyka, z ufnością i pokorą. Ufność podpowie nam, że choćbyśmy byli fałszywie oskarżeni o defraudację czy morderstwo; choćby odwrócili się od nas wszyscy, choćbyśmy zostali okryci śmiesznością – to przecież Pan Bóg, który widzi naszą niewinność, nie da nas doświadczać ponad nasze siły. Z drugiej strony jednak, pokora powie nam, że żadne z tych upokorzeń nie jest całkowicie niezasłużone. Owszem, nie zdefraudowałem stu tysięcy, o co ktoś mnie oskarżył – ale czyż nie zdefraudowałem w swoim życiu nieporównanie cenniejszego skarbu Bożej łaski? Owszem, wbrew pomówieniu nie dopuściłem się zabójstwa na Iksińskim. Ale czy moimi grzechami nie przybiłem do krzyża Pana Jezusa? Owszem, nie zasłużyłem sobie na to, by odwrócili się ode mnie wszyscy znajomi – ale czy przypadkiem (może wiele razy?) nie zasłużyłem sobie na to, by odwrócili się ode mnie wszyscy święci? Pamięć o tym pozwoli nam cierpliwie i z pokojem w sercu znosić to, co może nas na tym świecie spotkać.

Nie znaczy to, że kiedy spotyka nas niesprawiedliwość, nie mamy się bronić – zawsze jest to naszym prawem, a niekiedy wręcz obowiązkiem. Ale dopóki trwa burza, będziemy potrafili dostrzegać w niej kawałek czyśćca odrobionego według taryfy bardzo ulgowej. Każde dobrze zniesione poniżenie na tym świecie będzie nam wielką pociechą w przyszłym. Święta alchemia tkwi tu w tym „dobrym znoszeniu", w usposobieniu, w wewnętrznej postawie: buntu lub poddania się woli Bożej. Co ważne jednak – czy bunt, gniew, rozgoryczenie dają nam pocieszenie? Nie. Co więcej, mają pewną skłonność do dodatkowego zwiększenia naszych cierpień. Podobnie jest z radami ewangelicznymi.

To nie upokorzenia i pokuty, to nie cierpienia (o których powiemy więcej w następnym rozdziale) – a nawet to nie czystość, ubóstwo i posłuszeństwo uświęcają. Są ludzie, którzy żyją w czystości z braku okazji do zbrukania jej. Są ci, którzy przeklinają każdego dnia własne ubóstwo. Są i ci, którzy zachowują bezwarunkowe posłuszeństwo niewłaściwemu przełożonemu (na przykład szefowi gangu). Sednem jest i pozostaje miłość – ta miłość, która przemienia wszystko, czego się dotknie, w czyste złoto.

Umieć cierpieć, umieć żyć

Jeśli ktoś ma cnotę cierpliwości, to jego ból i gorycz zamieniają się w prawdziwą rozkosz. Niestety jednak, widzimy na świecie wielu takich biedaków, którzy przeklinają samych siebie, pogrążają się w smutkach i rozpaczy… Przedstawiają sobą mały obraz piekła. Jak biedni są tacy ludzie, którzy nie pokładają ufności w Bogu i nie myślą o nagrodzie niebieskiej!

– ŚW. JAN MARIA VIANNEY[35] –

Bardzo wiele zależy od tego, jak używamy zarówno tych rzeczy, które zwą się „pomyślnymi", jak i tych, które określane są jako „niepomyślne". (…) Różnica bowiem między cierpiącymi pozostaje nawet w jednakowych cierpieniach: cnota i występek, choć znajdują się w tych samych udrękach, nie są tym samym. Jak w tymże samym ogniu złoto żółtawo pobłyskuje, a słoma kopci; jak w tejże samej młocarni źdźbła się targają, a ziarna oczyszczają; jak olej i męty nie mieszają się ze sobą, choć wytłaczane są ciężarem tej samej prasy – podobnie również jeden i tenże sam cios, spadując na dobrych, doświadcza ich, oczyszcza i rozjaśnia, a uderzając w złych, pogrąża, niszczy i pustoszy. Stąd to w jednakim utrapieniu źli złorzeczą i bluźnią Bogu, podczas gdy dobrzy modlą się do Niego i wielbią Go. Wiele zależy nie od tego, co się cierpi, lecz od tego, kto cierpień doznaje. Jako że zamieszany muł wydaje obrzydliwą woń, a poruszony olejek wydziela przemiły zapach

– ŚW. AUGUSTYN[36] –

---

[35] Św. J. Vianney, *Kazania Proboszcza z Ars*, s. 306–307.

[36] Św. Augustyn, *O państwie Bożym*, ks. 1, rozdz. 8.

Dlatego radujcie się, choć teraz musicie doznać trochę smutku z powodu różnorodnych doświadczeń. Przez to wartość waszej wiary okaże się o wiele cenniejsza od zniszczalnego złota, które przecież próbuje się w ogniu, na sławę, chwałę i cześć przy objawieniu Jezusa Chrystusa
(1P 1,6–7)

Święty Proboszcz z Ars lubił w swoich kazaniach przytaczać następującą anegdotę. Pewien kapłan głosił kazanie w szpitalnej kaplicy. Czemu trudno się dziwić, za temat wybrał sobie cierpienie i jego chrześcijańską wartość. Mówił więc o męce Pana Jezusa i o cierpieniu sprawiedliwego Hioba; wykazywał, jak miłym jest Panu Bogu, kiedy cierpliwie znosimy utrapienia tego życia. Kazania słuchał pośród innych pewien człowiek ciężko chorujący od lat. Poruszony słowami kaznodziei zaczął płakać, a na jego twarzy rysował się wielki smutek, prawdziwa udręka.

– Cóż ci się stało, synu? – zapytał go kapłan – Czy ktoś cię skrzywdził?

– Nie, ojcze – odrzekł chory – Do nikogo żalu nie mam, tylko do mnie samego. Tyle lat już choruję, a wszystkie zasługi zmarnowałem przez moją nie-cierpliwość! Gdybym tylko był przez te wszystkie lata poddany woli Bożej i cierpliwie znosił chorobę, jaką mi ona zesłała! Byłbym zgromadził wielkie skarby na życie wieczne!

Szczęśliwy ten człowiek; przynajmniej po wielu latach pojął ten wielki sekret. Iluż innych do końca życia marnuje skarby, nie doceniając cierpienia!

Bo też cierpienie, samo w sobie, jest nic niewarte. Biologia i filozofia zgodnie nas pouczą, że jest ono czymś złym. Medycyna podpowie nam, jak go uniknąć. A jednak, cierpienie pozostaje ważnym elementem naszego życia. Pozostaje wręcz jedną z najważniejszych oznak, że w ogóle żyjemy… Wystarczy pomyśleć o noworodku: gdyby to dziecko (skądinąd narodzone pośród bólów rodzenia jego matki) natychmiast nie zaczęło płakać, pojawiłaby się obawa, że przyszło na świat martwe. Zaiste, świat ten, na który przychodzi niemowlę, jest „padołem łez”!

Cierpienie jest wszak tym, co może najściślej splata się z naszym życiem. Zmienia formę, bywa mniej lub bardziej dotkliwe, ale towarzyszy nam prawie codziennie, od narodzin po śmierć. Cierpi każdy. A jednak, jakkolwiek powiedzenie mówi, że „cierpienie uszlachetnia”, nie każdy pośród cierpienia staje się lepszy. Na Kalwarii stały trzy krzyże – i trzej skazańcy cierpieli; a przecież cierpieli bardzo, bardzo inaczej. Czym innym było najniewinniejsze cierpienie Odkupiciela rodzaju ludzkiego; czym innym pokutujące cierpienie Dobrego Łotra; a czym innym cierpienie jego towarzysza, który pozostał zatwardziałym grzesznikiem.

Podobnie, pośród potwornych cierpień Auschwitz trochę ludzi – jak np. rotmistrz Pilecki albo św. Maksymilian Kolbe – wzniosło się na najwyższe poziomy miłości. Cierpienie uszlachetniło ich, oczyściło jak złoto najczystszej próby. Ale ilu innych pośród cierpienia upodliło się, staczając się na najniższe poziomy bestialstwa i nienawiści! Widać z tego, że wielkie cierpienie staje się swoistym „podwojeniem stawki": może zanieść człowieka bardzo wysoko, ale może i cisnąć go bardzo nisko.

Bez wątpienia byłoby uproszczeniem stwierdzenie, że ***umieć cierpieć to umieć żyć***. Nie jest jednak przesadą powiedzenie, że ***kto nie umie cierpieć, ten nie umie żyć***.

Tym bardziej zaś nie umie żyć szczęśliwie. Jest wielkim nieszczęściem tego świata to, że szuka szczęścia w braku cierpienia.

Jakże często słyszymy te najbardziej przyziemne i żałosne życzenia składane przy jakiejkolwiek okazji: „życzę ci zdrowia, bo zdrowie jest najważniejsze!". Ludzie, którzy wypowiadają bezmyślnie tę wierutną bzdurę, zazwyczaj nie są ateistami i hedonistami. A jednak mówią coś, co byłoby poniżające nawet w ustach skończonego materialisty. Warto podjąć taki eksperyment myślowy i podstawić słowo „zdrowie" w miejsce centralnego pojęcia któregokolwiek wielkiego przemówienia albo aforyzmu. I tak, minister Beck powiedziałby w 1939: „My w Polsce nie znamy pojęcia pokoju za wszelką cenę. Jest jedna tylko rzecz w życiu ludzi, narodów i państw, która jest bezcenna. Tą rzeczą jest zdrowie", a żołnierze paradowaliby z szablami, na których zamiast słów „Bóg, Honor i Ojczyzna" widniałby grawerunek: „Najważniejsze jest Zdrowie".

Zdrowie i brak cierpienia są dziś dużo ważniejsze od samego życia. Stąd aborcja (żeby dziecko nie cierpiało… żeby matce nie było niewygodnie…), stąd eutanazja, stąd globalne znieczulenie grubo przedawkowanymi środkami przeciwbólowymi. Statystyczny Polak zażywa takie preparaty dziewięć razy w miesiącu. Postawmy sprawę jasno: niekiedy jest to rzeczywiście potrzebne, jak wtedy, kiedy ból zaburzyłby potrzebne działanie organizmu – na przykład przeciągającą się przez kilka dni bezsennością albo niemożnością koncentracji. Bez wątpienia jednak ta rzeczywista potrzeba nie występuje statystycznie dziewięć razy w miesiącu.

Nawet jednak gdyby człowiekowi mogło się udać uniknąć cierpienia na tym świecie, nie tylko nie byłby dzięki temu szczęśliwy, ale wręcz przeciwnie: ten brak cierpienia byłby zarazem najlepszym dowodem nieszczęścia. Bo żeby nie cierpieć trzeba by nie kochać: miłość na tej ziemi zawsze łączy się bowiem z cierpieniem (a nawet: karmi się cierpieniem). Nie tylko miłość do Pana Jezusa Ukrzyżowanego; także miłość małżeńska, miłość rodzicielska albo przyjaźń. Przyjaciel poświęca się dla przyjaciela, a „prawdziwych przyjaciół poznaje się w biedzie" – to jest kiedy gotowi są cierpieć dla nas i za nas. Dzieje się to na co dzień w rodzinach: dzień po dniu małżonkowie i rodzice podejmują coraz to nowe wyrzeczenia, podejmują je w imię miłości i znajdują w nich radość; radość dawania. Kiedy daje się siebie samego, siłą rzeczy cierpi się. A więc kiedy nie cierpi się, to nie kocha się, a kiedy się nie kocha, to nie jest się szczęśliwym.

Jakość naszego cierpienia jest zatem wyznacznikiem – nawet jeśli nie jedynym – jakości naszego życia. Toteż jest sprawą wielkiej wagi dobre opanowanie niełatwej sztuki cierpienia.

Nie od rzeczy będzie w tej sprawie sięgnąć po nauki wielkiego Bożego alchemika, błogosławionego księdza Karola Gnocchiego. Tak wspomina on odkrycie tej świętej alchemii, która uczyniła z niego prawdziwego „pedagoga cierpienia" w stosunku do małych wojennych kalek:

Ujrzałem to prawie fizycznie pewnego powojennego dnia; dnia niezapomnianego, który na zawsze ukierunkował mnie.

Po wybuchu bomby Marco jedyny z czterech nierozważnych brzdąców, bawiących się beztrosko na polu minowym, który przeżył, został poddany natychmiastowemu zabiegowi chirurgicznemu. Amputacja nóg, usunięcie gałki ocznej, szycie licznych i wielkich ran, które dziurawiły jego drżące i kruche ciało jak sito.

Zobaczyłem go jakiś czas po operacji, kiedy jeszcze codzienne zmiany opatrunków sprawiały mu wiele bólu. Zapytałem:

– O kim myślisz, kiedy ci zrywają bandaże i grzebią ci w ranach, sprawiając, że płaczesz?

– O nikim – odpowiedział mi z nutą zdziwienia w głosie.

– A nie wierzysz, że jest ktoś, komu mógłbyś ofiarować ten ból? Ktoś, dla którego miłości powinieneś powstrzymać się od narzekania i przełknąć łzy? Ktoś, kto mógłby ci pomóc mniej odczuwać twój ból?

Marco wbił w pustkę wzrok jedynego oka, jakie pozostało na jego zniszczonym obliczu. A potem, powoli kiwając głową, powiedział:

– Nie rozumiem.

I dalej w roztargnieniu bawił się krajem prześcieradła. To właśnie w tej chwili miałem precyzyjne – prawie materialne – wrażenie jakiejś niezmiernej i niemożliwej do naprawienia tragedii: utraty skarbu cenniejszego od obrazu sławnego artysty albo od diamentu niezrównanej wartości.

Był to wielki i niewinny ból dziecka, który spadał w próżnię, bezużyteczny i pozbawiony znaczenia. Z perspektywy nadprzyrodzonej był to ból stracony i dla samego cierpiącego, i dla ludzkości – ponieważ nie był on skierowany ku jedynemu celowi mogącemu nadać niewinnemu cierpieniu wartość i uzasadnienie: ku Chrystusowi Ukrzyżowanemu[37].

Ksiądz Gnocchi wiedział dobrze, czym jest cierpienie. Przeżył horror wojny jako kapelan. Ze strzelcami alpejskimi był w Rosji – i przeżył ten przerażający odwrót, tak obfity w heroizm, tak bogaty w cierpienie. Ale dopiero teraz dokonał odkrycia, które miało zmienić całe jego życie, popychając go do podjęcia wielkiego dzieła najprawdziwszej świętej alchemii.

Pomyślmy tylko. Cierpienie – z perspektywy natury, ale także z perspektywy poprawnej filozofii – jest czymś złym, czymś nic niewartym. Bierzemy ten metal zgoła nieszlachetny i podgrzewamy go w ogniu miłości Jezusowej. Łączymy krzyżyk nasz z Krzyżem Jego – i otrzymujemy coś najcenniejszego; coś tak cennego, że święta Faustyna powiada (i stwierdzenie to ma w sobie głęboką treść teologiczną!), iż gdyby aniołowie

---

[37] Bł. K .Gnocchi, *Pedagogia del dolore innocente*, s. 30–32.

mogli zazdrościć, to zazdrościliby nam (obok Komunii świętej) właśnie cierpienia.

Jakiś czas po tym wydarzeniu ksiądz Gnocchi prowadził swoich wychowanków – wojenne kaleki – na audiencję u papieża Piusa XII. Długo przygotowywał swoje dzieci na to spotkanie. Już rok wcześniej ogłosił im:

> Wasze łzy muszą stać się perłami! Wasz ból nie może się marnować! Trzeba ofiarować go Panu, nie płacząc, nie żaląc się. Pan Jezus na ziemi wycierpiał więcej niż ktokolwiek – myśląc o Jego Ukrzyżowaniu możecie z odwagą stawić czoła cierpieniu. Ilekroć to się uda, możecie wrzucić do tej szkatułki perłę.

„A potem? A potem?” – dopytywały się dzieci…

> A potem, za rok, policzymy wszystkie perły i zaniesiemy je do jubilera, który uczyni z nich nasz znak. Podarujemy go Ojcu Świętemu jako znak cierpienia przyjętego z miłością, w zjednoczeniu z Jezusem Ukrzyżowanym.

Tak właśnie się stało, a Pius XII zapłakał, widząc ten piękny dar i słysząc z ust pobożnego kapłana te słowa:

Moi malcy ofiarowali ich ból za Ciebie, Ojcze Święty, za Kościół, za zbawienie wszystkich dusz.

Oto potęga, oto drogocenność cierpienia! O ile tylko jest ono zjednoczone z cierpieniem Jezusowym, o ile jest znoszone w imię miłości i z miłością!

***

Wtedy też cierpienie naprawdę uszlachetnia. Bo jakież jest prawdziwe szlachectwo, jeśli nie nasze Boże dziecięctwo; jeśli nie nasze bycie obrazem i podobieństwem samego Boga? W obrazie tym jest jednak wciąż mnóstwo ciemnych plam. Mnóstwo w nas błota, brudu – potrzebujemy oczyszczenia. Pismo Święte porównuje ludzi miłych Bogu do złota:

Bo w ogniu doświadcza się złoto, a ludzi miłych Bogu w piecu utrapienia (Syr 2,5).

Rzec można, w duchu naszych alchemicznych rozważań, że ten „piec utrapienia" nie tylko doświadcza złoto, ale i pomaga wytwarzać je. Byle utrapienie nie rodziło gniewu, buntu, bluźnierstwa, ale pokorne i kojące przyjęcie woli Bożej…

Jeśli idzie o materiały szlachetne, możemy porównać się nie tylko do owego złota doświadczanego w ogniu, ale i do bloku najszlachetniejszego marmuru (niestety niekiedy podobieństwo to wynika także z twardości naszych serc). Z marmuru tego dłuto Boskiego Artysty musi jeszcze odłupać potężne płaty egoizmu. Co oczywiście musi boleć – wyobraźmy sobie tylko, że obrabiany przez Michała Anioła marmur ma układ nerwowy i czuje każde uderzenie dłuta, każde pociągniecie pilnika… To właśnie w tym bolesnym procesie bezkształtny marmur staje się figurą Chrystusa, staje się w pełni Bożym obrazem i podobieństwem.

Pośród tego oczyszczającego cierpienia mamy jednak wzór i wskazówkę. Jeśli oddanie się Chrystusowi wymaga cierpienia, to przecież nie możemy zarzucić Mu braku wzajemności. On, zanim zażądał od nas cierpienia dla Jego miłości, wycierpiał dla naszej miłości nieporównanie więcej. I już to samo powinno czynić nam cierpienie tak słodkim, że właściwie przyjemnym. Jakże wzniosłe, jakże straszne zarazem i pełne słodyczy są te wielkie słowa Zbawiciela:

Jeśli kto chce iść za Mną, niech zaprze się siebie samego, niech weźmie krzyż swój każdego dnia i niech Mnie naśladuje (Łk 9,23).

Słowa te wypowiada Ten, który ukochał każdego z nas (pomyśl tylko: ukochał ciebie konkretnie!)

bardziej niż ktokolwiek inny. Mówi je Ten, który dla naszego (pomyśl… dla twojego konkretnie!) zbawienia sam przyjął na siebie ogrom cierpienia. Pan Jezus jak nikt inny pragnie naszego szczęścia. A jednocześnie On, Wszechwiedzący, lepiej niż my wie, jak do tego szczęścia dojść. I jako drogę wiodącą do szczęścia wskazuje nam właśnie drogę krzyżową.

***

Jest rzeczą zastanawiającą w świętej alchemii ks. Gnocchiego nacisk, jaki stawiał on na rezygnację z narzekania. W tamtym spotkaniu z Piusem XII papieża poruszyła do głębi opowieść o jednym z malców, który w czasie bardzo bolesnego zabiegu zaciskał zęby i całą siłą dziecięcej woli powstrzymywał się od płaczu – byle zyskać sobie w ten sposób prawo do wrzucenia kolejnej perełki do papieskiej szkatułki. Jest jednak czymś bardzo naturalnym to, że w bólu szukamy pocieszenia w narzekaniu. Jest to pociecha znikoma, która pozbawia nas przy tym skarbów niebieskich – ale bardzo pasuje ona do naszej psychologii. Łatwo, zwłaszcza w kolejce do przychodni, można usłyszeć jak grupka kobiet zaciekle licytuje się, która z nich ma więcej i cięższych chorób.

Otóż wdając się w naszą świętą alchemię, trzeba z tej znikomej i przyziemnej pociechy zrezygnować. Kto chce ze swoich łez zrobić perły, ten nie będzie się zadowalał niskogatunkowymi pociechami w rodzaju narzekania, licytowania się na nieszczęścia, użalania się nad sobą. W zamian otrzyma jednak wielki pokój wewnętrzny. Oto cierpienie nabrało sensu – dzięki czemu nadało sens jakiejś cząstce naszego życia; cząstce być może niemałej, być może nieubłaganie rosnącej. Zjednoczyć tę cząstkę naszego życia z życiem Pana Jezusa! Dotknąć naszym małym krzyżykiem Jego świętego Krzyża! To Zbawiciel – i tylko On – nadaje naszemu cierpieniu najpiękniejszy sens i najgłębszy wymiar. I wtedy krzyż wydaje się stawać lżejszym – a jednocześnie dźwiganie go staje się nieporównanie bardziej zasługujące.

Zwróć uwagę na to prawidło. Im więcej zgodności z wolą Bożą, tym łatwiej nieść nawet ciężki krzyż, a jednocześnie ta łatwość wcale nie pomniejsza zasługi! Fizyka krzyża jest odwrotna od fizyki ciał stałych: im cięższy krzyż i im wyżej podniesiony, tym łatwiej iść… Nieś krzyż – a on poniesie ciebie. Mniejszy wysiłek i większa zasługa – oto owoc zjednoczenia naszej woli z wolą Bożą; naszego krzyża z krzyżem Chrystusowym.

Pomyśl, jak mali, okaleczeni przez wojnę wychowankowie bł. księdza Karola, o tym, co twoje cierpienie może dać innym. Odnajdziesz w ten sposób w bólu radość dawania. W każdym cierpieniu dostrzeżesz coś z *bólu rodzenia*, który – jakkolwiek jest bardzo intensywny – wypełnia rodzącą matkę radością, „że się człowiek narodził". Może twój ból ma dać życie – życie łaski, nieporównanie cenniejsze od życia biologicznego – dziesiątkom znanych ci i nieznanych ludzi? Nie marnuj go. Ofiaruj go za zbawienie dusz!

Przykład

Najwspanialszym przykładem świętej alchemii na tym polu jest Dobry Łotr, święty Dyzma. Zbrodniarz, który zasługiwał na potworną kaźń krzyża, jeszcze w chwili przybicia do niego daleki był od nawrócenia. Bliskość Pana Jezusa (przy czym nie tylko bliskość fizyczna, która dotyczyła wszak również Złego Łotra) przemieniła jego cierpienie. Pod wpływem Boskiej alchemii stało się ono tak drogocenne, że Dyzma, który chwilę wcześniej był łotrem sprawiedliwie skazanym na śmierć, teraz stał się świętym. W dodatku pierwszym świętym kanonizowanym w dziejach Kościoła. I, jakby tego było mało, jedynym kanonizowanym już za życia – i jedynym kanonizowanym bezpośrednio przez samego Zbawiciela. Jakiż zdumiewający i olśniewający argument na rzecz dobrego wykorzystania cierpienia według zasad świętej alchemii w szkole błogosławionego ks. Karola!

Końcowa uwaga, skierowana zwłaszcza do tych, którym nie trafia do przekonania zdroworozsądkowe tłumaczenie, że czy się tego chce, czy nie, cierpimy i tak, więc lepiej cierpienie to zjednoczyć z krzyżem Pana Jezusa. „Łatwo powiedzieć!" – może ktoś prychnąć. To prawda. Nawet jeśli jest to logiczne, spójne, zdroworozsądkowe – to przecież sprzeciwia się naszej naturze, która na ból, na cierpienie reaguje buntem. Zastosowanie alchemii jest w tym wypadku proste, ale nie jest łatwe. Prosty jest mechanizm, a przecież ciężko go uruchomić! Potrzeba więc szczególnej pomocy do przeprowadzenia tego alchemicznego eksperymentu.

Na końcu tej książeczki będzie jeszcze o tym mowa odrębnie, ale trzeba szczególnie w tym miejscu podkreślić rolę Maryi – naszej Matki i Przewodniczki, a zarazem naszej Współodkupicielki, której serce zostało przebite mieczem boleści[38]. Wielki mariolog (to znaczy uczony zajmujący się Maryją), ale bardziej jeszcze wielka dusza maryjna (to znaczy: chrześcijanin

---

[38] Tytuł „Współodkupicielki" nie jest dogmatem wiary. Niemniej, używany jest przez świętych i teologów już od średniowiecza. Jest on dobrze rozumiany – i odczuwany – przez wiele prostych dusz kontemplujących niewinne cierpienie Maryi u stóp krzyża. Tytuł ten wyraża to, co wierni całego świata śpiewają w przepięknej pieśni *Stabat Mater*. Używali go: św. Pius X, św. Jan Paweł II, św. Leopold Mandić, św. Ojciec Pio, św. Maksymilian M. Kolbe czy św. Matka Teresa z Kalkuty, by wymienić tylko kilkoro wielkich świętych ostatniego stulecia. Należy jednak rozumieć go właściwie. W tym celu polecamy opublikowaną przez zasłużone wydawnictwo Cor Eorum pracę pt. *Maryja Współodkupicielka* ks. Williama G. Mosta, Bodzanów 2019. Nihil obstat: ks. dr Wojciech Kućko. Imprimatur: L.dz. 1094/2019, Płock 26 czerwca 2019 r., bp Mirosław Milewski, Wikariusz Generalny, ks. dr Dariusz Rogowski, notariusz – przyp. wyd.

żyjący Maryją) o. Emil Neubert zwraca uwagę na pewne interesujące zjawisko: „dusze maryjne *całkiem naturalnie* pragną zjednoczenia swoich cierpień z cierpieniami Jezusa. Jest to logiczne, ponieważ misją Maryi jest prowadzić nas do swego Syna"[39].

Ten sam autor w innej książce dodaje, że Maryja pociesza nas w cierpieniu, niekiedy zabierając przyczynę naszego smutku; niekiedy pokazując nam próżność tego smutku (bo trapimy się byle czym albo ulegamy którejś wadzie: zazdrości, ambicji…). Czasem pomaga nam znaleźć rozwiązanie naszych trudności. To wszystko prawda – i każda dusza oddana Maryi mogłaby przytoczyć dziesiątki przykładów na to. Ponad wszystko jednak: Maryja prowadzi nas do krzyża. „Zawsze pociesza cię – pisze o. Neubert – dając ci zrozumienie, że to, co jest nieszczęściem w mniemaniu ludzi niewierzących, może stać się dla ciebie, a być może dla wielu innych, przyczyną prawdziwego szczęścia oraz większych sukcesów zarówno na ziemi, jak i w niebie"[40].

Także w przypadku świętego Dyzmy obecność Maryi bez wątpienia odgrywała wielką rolę, wlewając do zbolałego serca słodycz i nadzieję, dając pociechę i poczucie sensu w cierpieniu…

---

[39] E. Neubert, *Życie w zjednoczeniu z Maryją*, cz. I, rozdz. 14.

[40] Tenże, *Królowa dusz walczących*, cz. II, rozdz. 7.

Gnój i nawóz – czyli rzecz o grzechu i pokusie

Zaprawdę, powiadam wam:
Celnicy i nierządnice wchodzą przed wami do królestwa niebieskiego
(Mt 21,31)

Wróćmy jeszcze raz na chwilę do jednego z największych mistrzów świętej alchemii, świętego Dyzmy – czyli do Dobrego Łotra. Uczy nas on w zdumiewający sposób dobrego wykorzystania krótkiego nawet czasu oraz nawet największego cierpienia. Godzina, a najwyżej trzy, dzielą wszak zbrodniarza sprawiedliwie powieszonego na krzyżu od pierwszej kanonizacji w dziejach Kościoła! Ten czas Dyzma przeżywa, umierając, doświadczając ogromnego cierpienia w swoim ciele, ale jednocześnie jeszcze większego oczyszczenia i uwolnienia duszy: „dzisiaj będziesz ze Mną w raju"!

W jego nawróceniu uderza nas także to, jak potrafi on skorzystać z własnych grzechów. Ten zbrodniarz sprawiedliwie osądzony uznaje sprawiedliwość sądu. Uznaje swą winę i nędzę – ale poczucie własnej nędzy nie prowadzi go do rozpaczy. To jest dla nas wielka lekcja. Pomyślmy tylko o jego życiu. Po ludzku – wszystko zmarnowane, wszystko stracone nieodwołalnie. W czyim przypadku bardziej niż w jego sprawdza się powiedzenie: „jakie życie, taka śmierć"! Żył nikczemnie,

nikczemnie kona. Jego ziemska egzystencja, nieodwracalnie naznaczona piętnem niegodziwości, dobiega końca w hańbie i cierpieniu wyrafinowanej tortury publicznej egzekucji.

Kilka metrów dalej towarzysz jego zbrodni wyje z krzyża ostatnie bluźnierstwa: on, owszem, umrze jak żył… On, owszem, ulega rozpaczy – ku której i Dyzmę bez cienia wątpliwości ciągną wszyscy jego nieprzyjaciele: świat, który szydzi z niego i pogardza nim… Ciało, które przywykło do grzechu, a z którego teraz tak boleśnie i dramatycznie ulatuje życie… Szatan, który tak chętnie używa broni rozpaczy przeciwko konającym…

Jeden z największych mistrzów walki duchowej Wawrzyniec Scupoli, wymieniając cztery sposoby, jakimi diabeł stara się w ostatnich chwilach zapewnić sobie zwycięstwo nad duszą, pisze:

Drugi [po napaści na wiarę] sposób, za pomocą którego przebiegły diabeł stara się nas ostatecznie pokonać, polega na przypomnieniu nam wszystkich popełnionych win. W ten sposób chce wzbudzić w nas strach i pchnąć nas w otchłań rozpaczy[41].

---

41 W. Scupoli, *Walka duchowa*, rozdz. 64.

Doceńmy więc walkę, jaką łotr Dyzma musi stoczyć z potworną pokusą, zanim stanie się świętym Dyzmą! W jego wypadku kusiciel nie musi niczego przeinaczać ani wyolbrzymiać. Bywało tak, że wielcy święci, ludzie, którzy w całym swoim życiu nigdy nie dopuścili się grzechu śmiertelnego, drżeli w godzinę śmierci na myśl o Bożym Sądzie i na myśl o tym, jak bardzo w swoim życiu obrazili Pana Boga. Cóż ze zbrodniarzem Dyzmą?

Świadomość własnej nikczemności nie prowadzi go do rozpaczy, jakkolwiek odczuwa głęboką bojaźń Bożą („ty nawet Boga się nie boisz?", wypomina swojemu towarzyszowi – Łk 23,40). Świadom swoich zbrodni („My przecież [cierpimy] sprawiedliwie, odbieramy bowiem słuszną karę za nasze uczynki" – Łk 23,41) Dyzma odnajduje drogę do najgłębszej pokory. Tej pokory, która niezawodnie otwiera drogę Bożej łasce. Tej pokory, która broni duszy ludzkiej przed rozpaczą, bo rodzi ufność. I oto ten bandyta mający całe poczucie zupełnej beznadziejności swego położenia, kompletnego bankructwa swej ziemskiej egzystencji, pomimo całej świadomości tego, kim jest – zwraca się do Pana Jezusa z ufną modlitwą: „Jezu, wspomnij na mnie, gdy przyjdziesz do swego królestwa" (Łk 23,42).

„Za zniewagi wyrządzone Bogu żałuj zawsze, gdy tylko o nich pomyślisz, jednak pokładaj nadzieję w Jego męce i proś Go o przebaczenie"[42] – będzie radził swoim czytelnikom Wawrzyniec Scupoli ponad półtora tysiąclecia po tamtej wielkiej lekcji poglądowej, udzielonej grzesznikom wszystkich czasów przez świętego Dyzmę.

W ten sposób działając, możemy nawet z grzechów uczynić środki uświęcenia. Powiedzieliśmy już wielokrotnie, jak fundamentalne znaczenie dla naszego życia wewnętrznego ma cnota pokory. Jest ona korzeniem, od którego siły zależy siła pnia, bujność korony i jakość owoców. Otóż korzeń pokory może doskonale korzystać z tego śmierdzącego nawozu, jakim są własne grzechy. Skupiliśmy się w tym rozdziałku na wielkim świętym Dyzmie. Ale czyż w tej samej scenie nie kontemplujemy całującej stopy Zbawiciela Magdaleny? Ten więcej miłuje, któremu więcej darowano (por. Łk 8,40–43)...

Toteż nawet tacy święci jak św. Tereska od Dzieciątka Jezus – która nigdy nie popełniła grzechu ciężkiego – szli tym torem, szli szlakiem Dyzmy i Magdaleny. I tak, święta Tereska miłowała bardzo, dziękując Bogu za to, że odpuścił jej nie tylko wiele, ale wszystko – i to w sposób najdoskonalszy, bo chroniąc ją nie tylko przed konsekwencjami grzechu, ale

---

42 Tamże.

i przed samym grzechem. I ona więc wykorzystywała własne grzechy – nie te, które popełniła, ale te, które *popełniłaby*, gdyby jej Bóg nie uchronił – jako swoistą trampolinę dla miłości.

> Myśli na temat twoich grzechów – pisze Scupoli – biorą się z łaski i sprzyjają zbawieniu, jeśli ich owocem jest pokora, żal z powodu obrazy Boga i ufność w Jego dobroć. Jeśli zaś wzbudzają w tobie niepokój, podejrzliwość i małoduszność, to nawet gdyby ci się wydawało, że dotyczą rzeczy prawdziwych i tak poważnych, że przekonujących cię, iż jesteś potępiona i nie ma już dla ciebie ratunku, pamiętaj, że uczucia te wywołał w tobie oszust. Ukorz się wtedy i ufaj Panu, bo dzięki temu zwyciężysz nieprzyjaciela jego własną bronią, a Bogu przysporzysz chwały[43].

Owocami dobrego rozważania własnych grzechów są więc pokora, żal i ufność. Pycha niecierpliwi się i zżyma: jakże to! *Mnie* się nie udało? Pokora nie dziwi się upadkowi; dziwi ją co najwyżej to, że nie upadła niżej… To z kolei powoduje, że łatwo jest jej podziękować Panu Bogu i za doznane upokorzenie,

---

43 Tamże.

i za to, że nie dopuścił, abyśmy się pogrążyli ostatecznie. Człowiek pokorny powstaje z upadku szybko; otrzepie się i pójdzie dalej. Jak dziecko – które tyle razy się wywraca, a przecież nigdy na dłużej nie zatrzymuje się nad własnym upadkiem.

Nie znaczy to jednak, że człowiek pokorny nie żałuje za swoje grzechy. Przeciwnie. Kogo zaślepia pycha, ten żałuje nie tyle swoich grzechów – czyli obrazy wyrządzonej Bogu – ile swoich niepowodzeń. Grzech jest oczywiście niepowodzeniem. Ale punkt widzenia i powód żalu są w obu wypadkach diametralnie inne. Zły łotr konając na krzyżu, bez wątpienia żałował: nie tyle jednak tego, że dopuścił się zła, ile tego, że dał się schwytać. Bolało go nie to, że był podły – ale to, że musiał ponieść konsekwencje swojej podłości. Dyzma przeciwnie: znajdował wręcz pocieszenie w sprawiedliwej karze, jaka go spotkała, a bolało go to, że na nią zasłużył.

Pokora łączy się więc z żalem, który jest czysty, podyktowany miłością, a nie płytkim egoizmem. To dlatego tak słodko jest z ufnością opłakiwać swoje grzechy – i dlatego Kościół w skarbcu swoich modlitw liturgicznych przechowuje szczególną modlitwę o łaskę opłakiwania grzechów[44]. Jedno i drugie zaś spaja

---

44 Zob. *Dodatek*, s. 156.

się silnie z głęboką ufnością, jaką skruszony grzesznik pokłada w Bożym miłosierdziu i Bożej pomocy. Czyż zresztą, w pewnym sensie, to właśnie nasza grzeszność nie jest dla nas rękojmią tej pomocy? „Nie przyszedłem powołać sprawiedliwych, ale grzeszników" – mówi Pan Jezus (Mt 9,13). Nawet na pogotowiu ratunkowym pierwszeństwo mają najcięższe przypadki! To właśnie grzesznik pokroju Dyzmy może powoływać się na słowa Zbawiciela i z największą ufnością wzywać Jego pomocy: „Nie potrzebują lekarza zdrowi, lecz ci, którzy się źle mają" (Mt 9,12)… To on może w najbardziej uprawniony sposób wzywać pomocy Tej, którą nazywamy „Ucieczką grzeszników" i „Matką miłosierdzia".

Pośród wskazówek autora *Walki duchowej* podkreślmy i tę, że przeciwnika mamy pokonać jego własną bronią. Przywodzi to na myśl niektóre sztuki walki – jak dżudo – starające się wykorzystać właśnie impet przeciwnika dla powalenia go na ziemię. Wielkie jest tu pole do skorzystania z popełnionych grzechów: zło już się dokonało, co się stało, to się nie odstanie – ale z pokornej świadomości, że się zgrzeszyło, może jeszcze zrodzić się dobro większe aniżeli to zaprzepaszczone grzechem. Wystarczy pomyśleć sobie o tym, jakim był Piotr, który upadł (zapierając się trzykrotnie Mistrza) – i jakim stał się ten Piotr, który powstał z grzechu. Tradycja mówi nam, że święty Piotr płakał za każdym razem, kiedy słyszał pianie koguta. Upokorzony grzechem już nigdy więcej nie będzie ufał sobie samemu – lecz położy niezachwianą ufność w Panu Jezusie. I dlatego on sam stanie się „kamieniem", na którym Zbawiciel zbuduje swój Kościół… Ojciec Neubert trafnie zauważa, że

są osoby, które osiągnęły stan doskonałości po popełnieniu grzechu cięższego niż dusze przeciętne lub po większym niż one zniewoleniu przez namiętności. Dlaczego? Być może Bóg był dla nich bardziej hojny; być może to one były bardziej wielkoduszne. Szlachetnie naprawiły błędy i starały się kochać Jezusa tym mocniej, im bardziej Go w przeszłości zasmuciły. (…)

Dla dusz gorliwych nawet ich grzechy stawały się okazją, aby mocniej kochać; to była *szczęśliwa wina* dzięki skutkom, jakie wywołała. U dusz przeciętnych każde zaniedbanie powodowało zwolnienie marszu i ochłodzenie relacji z Jezusem. W życiu niektórych świętych pewne przewinienia, za którymi szło hojne zadośćuczynienie, stawały się punktem wyjścia na drodze do świętości.

Było tak w przypadku Franciszka z Asyżu, który odepchnął trędowatego proszącego go o jałmużnę, i w przypadku Jana Gwalberta, który chciał zabić mordercę swojego brata. W życiu każdego zadośćuczynienie było z pewnością jednym z najważniejszych czynników dojścia do doskonałości[45].

Wiele możemy więc nauczyć się, jeśli z pokorą, ufnością i żalem spojrzymy na popełnione przez nas grzechy. Kto umie dobrze korzystać z własnych porażek, ten ma predyspozycje po temu, by stać się zwycięzcą.

O ile jednak nawet to zło, zło prawdziwe (i jedyne prawdziwe na tym świecie!), jakim jest grzech, może nam posłużyć do uświęcenia, o tyle jeszcze więcej zyskać możemy na pokusach, jakich doświadczamy. Bo grzech (nigdy dość podkreślania tego) jest potwornością, jest katastrofą, jest jedyną prawdziwą stratą, jakiej możemy doznać w naszym życiu. Owszem, skoro do katastrofy już doszło, to staramy się przynajmniej zmądrzeć dzięki jej bolesnemu doświadczeniu, być „mądrym po szkodzie". Natomiast pokusa nie jest grzechem – i o ile się nim nie stanie (a nie stanie się bez naszej zgody!), to zysk w jej przypadku może być zupełnie czysty.

Po pierwsze, nie ma nagrody bez zwycięstwa, nie ma zwycięstwa bez walki, a walki nie ma bez pokusy. Pokusa daje nam więc okazję do tego, by pokazać, że

---

45 E. Neubert, *Życie w zjednoczeniu z Maryją*, cz. 1, rozdz. 9.

rzeczywiście kochamy Pana Boga, a tym samym do zdobycia zasług. Pokusa pokazuje nam także prawdę o nas samych. W ogniu pokus człowiek jest doświadczany („przez to wartość waszej wiary okaże się o wiele cenniejsza od zniszczalnego złota, które przecież próbuje się w ogniu, na sławę, chwałę i cześć przy objawieniu Jezusa Chrystusa" – 1P 1,7) i pokazują nam one, ile naprawdę jesteśmy warci. Rąbka tajemnicy uchyla już sam rodzaj pokusy: jakże nędzni wciąż jesteśmy, skoro tak niskich pokus doświadczamy! Pokusy uświadamiają nam więc naszą słabość – a tym samym uczą nas pokory. Wiele mówią nam także o wartości łaski – zwłaszcza te pokusy, których naszymi ludzkimi siłami i środkami nijak nie możemy oddalić; potrzebna jest nam Boża pomoc…

O tak, pokusa uczy człowieka zarówno pokory, jak i ufności; wzmacniając tym samym oba fundamenty naszej świętej alchemii. Wiele mówi nam o nas samych także nasza reakcja na pokusę: czy jesteśmy zdolni do heroizmu w walce z nią? Czy jak św. Franciszek bylibyśmy gotowi rzucić się nago w ciernie albo w śnieg dla oddalenia pokusy?

Dla człowieka mającego choć trochę miłości Bożej pokusa jest utrapieniem; jest cierpieniem – jest więc swoistym czyśćcem na ziemi. Ogień pokus nie tylko nas doświadcza, ale i oczyszcza. Pokusy hartują naszą cnotę – bo cnota wyrabia się przez powtarzanie uczynków jej właściwych, a to właśnie czynimy, walcząc z pokusami. Pokusa sprawia, że jesteśmy czujni; pokusa rozpala naszą gorliwość i miłość – oczywiście, o ile nie ulegamy jej bezwolnie[46]. Błogosławiony ksiądz Michał Sopoćko porównuje pokusę do silnego wiatru hartującego cnotę: „jak drzewo narażone na wichry zapuszcza głęboko korzenie, tak dusza miotana pokusami umacnia się w cnocie"[47]. Kierownik duchowy św. siostry Faustyny dodaje też, że pokusa „przyczynia się do pomnożenia chwały Boga i naszej. Po każdym naszym zwycięstwie nad szatanem Bóg jest uwielbiony, bo Jego żołnierz odniósł tryumf nad wrogiem orężem łaski"[48].

***

„Wiemy, że tym, którzy miłują Boga, wszystko dopomaga ku dobremu" (Rz 8,28[49]). Owo „wszystko" nie jest metaforą! Miłującym Boga opowiada o Nim każde stworzenie; miłującym Boga każde wydarzenie –

---

[46] Por. F.W. Faber, *Postęp duszy*, cz. II, rozdz. 2.

[47] Bł. M. Sopoćko, *O pokusach.*

[48] Tamże.

[49] W przekładzie ks. Wujka wg Wulgaty (*Scimus autem quoniam diligentibus Deum omnia cooperantur in bonum*). W Biblii Tysiąclecia: „Bóg z tymi, którzy Go miłują, współdziała we wszystkim dla ich dobra".

radosne czy bolesne – objawia Jego wolę i troskliwe działanie Jego Opatrzności. Miłującym Boga trudy i radości życia stanowią naprzemienne szczeble prowadzącej wzwyż drabiny… Miłującym Boga ku dobremu dopomaga nawet samo zło…

Któryś z ojców pustyni stwierdził, że jego nauczycielem świętości był diabeł, bo to diabeł zmuszał go do czuwania, modlitwy i pokuty… niegdysiejsi kaznodzieje zauważyli, że „piekło nawróciło więcej ludzi niż niebo” (i rzeczywiście, jest czymś znamiennym, że odkąd piekło prawie wyparowało z kazań, drastycznie ubyło również nawróceń…). Tak właśnie również pokusa i – gorzej jeszcze! – sam nawet grzech mogą służyć naszemu uświęceniu; podobnie jak nawóz służy roślinie. Popełnione w przeszłości grzechy uczą nas nie tylko wyrozumiałości dla cudzych słabości, ale także głębokiej pokory, będącej korzeniem duchowego drzewa. Pokusy, jakich doświadczamy i z jakimi zmagamy się, utwierdzają nas w tej pokorze. Jedne i drugie dają nam poznanie siebie samych – mogłoby ono zapewne wtrącić nas w otchłań rozpaczy, tak jednak nie stanie się, o ile zaufania nie pokładamy uparcie (i wbrew codziennemu doświadczeniu) w sobie samych, ale w Bogu.

I tego uczą nas wszak nasze grzechy i pokusy! Ten, który nie strącił nas do piekła, kiedy jeszcze nurzaliśmy się w grzechach, nie opuści nas wszak i teraz, kiedy

pragniemy walczyć o wierność Jego łasce. Oto wielka
lekcja, jaką daje nam święty Dyzma wespół z wieloma
innymi wielkimi świętymi.

Czego uczą nas natrętne muchy

*Są one przykre, gdyż wysuszają wszystko, co w pobożności może być słodkie,
przyjemne i łatwe. Są uporczywe, gdyż stanowią zło wprost nie do ulecze-
nia, które przez stosowanie lekarstw tylko się zaognia i pogarsza. Zdawa-
łoby się, że jeśli coś, to przede wszystkim roztargnienia są skutkiem przez
nas zawinionym, tymczasem moim zdaniem chyba żadna przeszkoda
duchowego postępu nie bywa częściej wolna od naszej winy aniżeli roztargnienie. W większości przypadków jest to umartwienie, którego nie da się
uniknąć; jeżeli zaś z naszej strony jesteśmy czemuś winni, to zazwyczaj
będzie to nie tyle brak skupienia na modlitwie, ile raczej niecierpliwość na
widok zmarnowanej, zepsutej i zbezczeszczonej modlitwy*
— F.W. FABER[50] —

*Kiedy człowiek przerywa życie zewnętrzne, rozmowę z bliźnimi, a zo-
staje sam, wtedy nawet w rozgwarze ulic wielkiego miasta zaczyna ob-
cować ze sobą samym. (…) Życie wewnętrzne jest właśnie wzniesieniem
i przekształceniem obcowania wewnętrznego każdego człowieka z samym sobą, gdy zmierza ono do tego, aby stać się obcowaniem z Bogiem*
— R. GARRIGOU-LAGRANGE[51] —

---

[50] F.W. Faber, *Postęp duszy*, cz. II, rozdz. 10.

[51] R. Garrigou-Lagrange, *Trzy okresy życia wewnętrznego*, cz. I,
rozdz. 2.

Rozproszenia są jednym z najgorszych nieprzyjaciół naszego życia wewnętrznego. Życie to zasadza się wszak na trwaniu w Bożej obecności, one zaś oddalają nas od niej, w naturalny sposób osłabiając naszą duszę. Czasem przybierają formę wspomnień, nierzadko wybiegają w przyszłość (czy to słodkim rozmarzeniem, czy pełnym obaw zatroskaniem) – pod tym względem niewątpliwie rozgrywają swoją partię w duchu rady starego diabła cytowanej w rozdziale poświęconym chwili obecnej. Niekiedy odnoszą się też do teraźniejszości – ale i wtedy, choćby ich przedmiotem stawało się „teraz", to zapominają o „tu". Myślimy o jakimś przytłaczającym nas problemie, który rzeczywiście ogólnikowo jest aktualny. Tyle tylko, że zapewne właśnie w tej chwili powinniśmy na moment o nim zapomnieć, żeby zanurzyć się w modlitwie – tak, jak to planowaliśmy. Tymczasem jednak najpierw nasza podświadomość, a chwilę później cały nasz umysł (niekiedy – niestety! – można wręcz powiedzieć: całe serce, cała dusza i cały rozum…) oddaje się poszukiwaniu rozwiązania jakiejś trudności, jeśli nie wręcz jałowemu narzekaniu na samą trudność. Zapominamy wówczas o Tym, który w każdej chwili może rozwiązać każdą – największą nawet – zawiłość. Skupiamy się na malutkich celach naszej codzienności – zapominając o jedynym Celu naszej egzystencji. Słowem, nasz zaabsorbowany drobiazgami umysł popełnia kardynalny błąd.

Rozproszenia są więc wielką przeszkodą dla życia wewnętrznego. Jednocześnie jednak – któż jest wolny od nich? Wielki mistyk, jakim był św. Alojzy, miał za osobliwą, szczególną i nadzwyczajną łaskę to, że raz zdarzyło mu się modlić przez całą godzinę, nie doświadczając żadnego rozproszenia. Ojcowie pustyni z nutą goryczy, ale i z głębokim realizmem, zauważali, że nawet jedno *Ojcze nasz* rzadko bywa wolne od rozproszeń. Bez wątpienia, trzeba z rozproszeniami walczyć, trzeba je oddalać od umysłu, a przynajmniej od serca. Walka z nimi sprawi nieraz, że modlitwa w innych chwilach przyjemna, teraz stanie się oschła, żmudna i męcząca. To jednak sprawi zarazem, że tym większa będzie zasługa wierności. O rozproszeniach niedobrowolnych powiedzieć należy to samo, co o pokusach. Miłość Boża zasadza się na działaniu ludzkiej woli – skoro więc wola nie idzie za rozproszeniami, skoro walczy z nimi (choćby bez powodzenia), to nie są one w stanie oddalić nas od Boga, któremu nasza walka jest miła. Choćbyśmy całe nasze rozmyślanie przepędzili na mozolnym odganianiu natrętnych jak muchy myśli, może ono być niezwykle pożyteczne dla naszej duszy. Ostatecznie, czyż nie odganiamy ich dlatego, że kochamy Boga?

Niestety jednak często jest na odwrót. Ojciec Lallemant zwracał uwagę na to, że nawet pobożni ludzie większą część swojego życia oddają… stawianiu oporu Bożej łasce. Niekiedy jest więc tak, że nie tyle bojujemy (choćby ospale) z rozproszeniami przez miłość do Boga, ale opędzamy się od samego Boga, żeby tym spokojniej zanurzyć się w naszych rozproszeniach – co, oczywiście, powinno być dla nas alarmujące, bo wskazuje, jaka hierarchia wartości nam przyświeca.

Ten alarm może być jednak otrzeźwiający dla naszej duszy. I to jest drugi sposób, w jaki rozproszenia mogą być dla nas pożyteczne: nie tylko jako okazje do walki (a więc do zdobywania zasług), ale i jako przelotne światełka ukazujące nam naszą nędzę. Gdzie jestem, kiedy nie jestem przy Tobie, mój Boże? Czym troszczę się i niepokoję, zamiast z ufnością dziecka pamiętać, że Ty wszystko wiesz, wszystko możesz i że kochasz mnie? Rozproszenia mówią nam wiele o nas samych, jeśli umiemy się im przyjrzeć. Zwraca na to uwagę jeden z naszych wielkich Bożych alchemików o. Emil Neubert:

Rozproszenia mogą być przydatne jako duchowa „psychoanaliza", ujawniająca nasze zakamuflowane skłonności. Gdy są spowodowane przez próżność, zazdrość, cielesność i im podobne, możemy być pewni, że stanowią tendencje, przeciw którym musimy podjąć bezwzględną walkę, aby żyć w pełnej jedności z Jezusem i Maryją[52].

A co z odganianiem natrętnych much? Sposobów jest wiele – choć przykłady świętego Alojzego i ojców pustyni pokazują, że niekoniecznie należy liczyć na pełne zwycięstwo.

Przede wszystkim: walka z rozproszeniami nie powinna ograniczać się tylko do czasu modlitwy. Kto żyje w rozproszeniu, kto zawsze błądzi myślami nie tam, gdzie trzeba, kto nigdy nie jest obecny w sobie samym – ten tym bardziej będzie błądził gdzieś w oddali w czasie modlitwy, kiedy zewnętrzne czynności nie przymuszają go do przykładania bodaj odrobiny uwagi do tego, co robi. Próbować skupić się dopiero w czasie modlitwy podobne jest do przemawiania do wzburzonego tłumu. Trzeba było pomyśleć wcześniej – zadziałać tak, aby tłum się nie wzburzył. Teraz nie da już on dojść do głosu żadnemu mówcy... Podobnie jest z naszymi myślami. Uczmy się nad nimi panować w ciągu dnia, idąc także za starą mądrością: *age quod agis* – „czyń to, co czynisz” (z o. Neubertem dodać warto: *Maria duce*, pod przewodnictwem Maryi) – czyli: nie zajmuj się tym, czym się nie zajmujesz,

---

[52] E. Neubert, *Życie w zjednoczeniu z Maryją*, cz. I, rozdz. 19.

bądź skupiony na obowiązku (i łasce!) obecnej chwili i czynności…To zresztą jest także w sposób zgoła przyrodzony tajemnicą szczęśliwego życia. Kto nałogowo ulega rozproszeniom, ten nie znajdzie przyjemności w filiżance dobrej kawy (bo będzie myślał o trudnym spotkaniu, które nastąpi za dwie godziny) ani w śpiewie ptaków, ani w czułości rodziny…

Święty Josemaria sugerował, żeby myśli o różnych osobach, jakie nasuwają się nam w czasie modlitwy czy rozmyślania, przekuwać na modlitwę za te osoby i sprawy. To dobry sposób, o ile modlitwa taka będzie bardzo krótka, tak, aby ona sama nie stała się dla nas kolejnym rozproszeniem. Przychodzi tu na myśl spopularyzowany przez ks. Dolinda Ruotola akt strzelisty: „Jezu, Ty się tym zajmij"[53]. To dobra modlitwa dla duszy dręczonej tego rodzaju rozproszeniami, kiedy ta jedyna spokojna chwila – chwila, która miała być spędzona sam na sam z Bogiem – staje się festiwalem wszelkich możliwych trosk i niepokojów, koncertem skołatanych nerwów. „Ty się tym zajmij!" – szepniemy, powierzając Panu wszystkie osoby i sprawy. „Ty się tym zajmij" – abym ja mógł zająć się Tobą… Innym sposobem walki z rozproszeniami jest nie zwracać na

---

[53] Po włosku jeszcze krócej, a z większym ładunkiem emocjonalnym: „*Gesù, pensaci tu!*".

nie uwagi, jak nie zwraca się jej na szczekanie psów, obok których się przechodzi.

Największym środkiem zwalczającym rozproszenia jest jednak miłość. Ha! – powie ktoś – też mi rada, skoro po to właśnie oddalamy rozproszenia, żeby bardziej kochać… To prawda. Prawdą jest jednak także to, że miłość Boża, która jest celem naszego życia, staje się dla nas także środkiem pozwalającym zdobywać wszystkie inne cnoty. Kto kocha, ten wierzy, ten ufa, ten znosi trudy, ten jest sprawiedliwy… Ojciec Neubert stwierdza:

Wyróżniamy uwagę spontaniczną i uwagę dobrowolną. Pierwsza z nich jest spowodowana zainteresowaniem, które wywołuje działanie; druga jest zarządzana przez wolę. Tak więc uwaga spontaniczna pojawia się w sposób naturalny, nie męczy prawie wcale lub niewiele – chyba że jest zbyt długo utrzymywana – i jest stała. Uwaga poruszana przez wolę jest nieciągła i wymaga wysiłku, który szybko staje się męczący[54].

Łatwo to zilustrować różnicą pomiędzy pasją, z jaką do późna w nocy czyta się kryminał, a potworną nudą,

---

[54] E. Neubert, *Życie w zjednoczeniu z Maryją*, cz. 1, rozdz, 19.

jaką jest ślęczenie do późnej nocy nad podręcznikiem nielubianej materii w przeddzień egzaminu. Wróćmy jednak do o. Neuberta, który właśnie w tym miejscu daje nam jeden ze swoich alchemicznych przepisów:

Sposobem na zapewnienie ciągłości uwagi i na uwolnienie się od rozproszeń jest znalezienie w każdym działaniu aspektu, który by skutecznie pobudzał ciekawość działającego. Dla każdej duszy oddanej Bogu takim czymś jest miłość do Jezusa i, ze względu na Niego, miłość do Maryi i do dusz. Aby usunąć roztargnienie, przynajmniej tak dalece, jak to jest możliwe w przypadku naszego zmiennego umysłu, wystarczy, że we wszystkich działaniach pozwolimy się prowadzić wielkiej miłości do Jezusa, Maryi i dusz[55].

Ten krótki rozdział, który powstał całkowicie z inspiracji pismami o. Neuberta, zakończmy cytatem z innego jego dziełka – dedykowanego kapłanom. Słowa pobożnego autora mogą przydać odwagi tym, którzy – jak autor niniejszej książeczki (i jej czytelnik zapewne też) – nieustannie borykają się z rozproszeniami:

---

[55] Tamże.

Zdarzy się wielokrotnie, że mniej lub bardziej do-
browolne rozproszenia, drobne przejawy egoizmu,
czasami być może prawdziwe przewinienia odcią-
gną nas daleko od Jezusa i od Maryi. Nie zniechę-
cając się, nie próbując odpędzić tych rozproszeń lub
naszego samozadowolenia, pójdźmy bezpośrednio
do Jezusa z naszą Matką, z naszą nędzą i z naszą
ufnością, a dzięki temu powrócimy do przebywania
w ich serdecznej obecności[56].

Nędza i ufność z jednej, Jezus i Maryja z drugiej
strony: oto kompendium świętej alchemii!

Kociołek Alchemika

*Jako że potrzeba wielkich łask, aby z tak ciężkich grzeszników jak my
uczynić drugiego Chrystusa, a Maryja jest Pośredniczką wszystkich
łask, można z pewnością wnioskować, że da łaskę świętości swoim
najbardziej oddanym i kochającym dzieciom*
— O. E. NEUBERT[57] —

Kociołek... Daruj mi, o Niepokalana, jeśli komuś tytuł
tego rozdziału może się wydać brakiem uszanowania

---

[56] E. Neubert, *Maryja w życiu kapłana*, cz. II, rozdz. II.
[57] E. Neubert, *Królowa dusz walczących*, cz. II, rozdz. 8.

wobec Ciebie: Pani i Królowej nieba i ziemi, wobec Bożej Matki (termin, którego ludzki rozum objąć nie może!)… Skoro jednak święty Augustyn, a za nim św. Ludwik i tylu innych nie boją się nazywać Cię „Bożą formą", to czyż daleko od tych wielkich autorów odchodzę? Czyż w ogóle cokolwiek napisałem tu dotąd, czego by mądrzejsi ode mnie nie napisali wprzódy? Po cóż więc powtarzać za nimi? Bo być może ktoś, kto do tych najgodniejszych lektury dzieł chrześcijańskiej duchowości nigdy dotąd nie zajrzał – i być może i później nigdy by nie zajrzał – z takiej czy innej pobudki sięgnie po tę książeczkę. Nic w niej nowego – co najwyżej, jak to się zwykło mówić w reklamach, stary produkt jest „teraz w nowym opakowaniu". Trudno zresztą nie odnieść niekiedy wrażenia, że (jak mawia przyjaciel mego ojca) ogromna część innowacyjności naszych czasów zawarła się w słowach: „teraz w nowym opakowaniu".

O ile jednak na różnych polach może to napełniać nas zawodem i poczuciem niedosytu, o tyle trudno by było tak w kwestii drogi do świętości. Bóg jest absolutnie niezmienny. Człowiek, owszem, zmienia się – i inny jest człowiek naszych czasów od „człowieka renesansu" czy człowieka średniowiecznego. Ale te różnice nie są takie znów wielkie. Dzisiejszy człowiek, jak jego pradziad, jest wezwany do poznania i wielbienia Boga; jest też odciągany od Niego tysiącem spraw tego świata.

Takie czy inne szczegóły zmieniły się z przyczyn społecznych czy technologicznych. Ale egoizm i miłość, pycha i pokora, wielkość i małość człowieka pozostają takie jak zawsze. Więc i ścieżki człowieka prowadzące do Boga nie zmieniły się zbytnio. Owszem, Bóg każdemu z nas wyznacza ścieżkę nieco inną – bo też jest On Artystą, który się nie powtarza – a każdy z nas jest powołany do tego, by stać się arcydziełem Jego łaski. Pewne mechanizmy działają jednak *zawsze* – i stąd ta książeczka powtarzająca to, co już powiedziano, ale może tu i ówdzie trochę inaczej niż dotąd…

Ścieżki człowieczej duchowej wędrówki do Boga są więc takie jak dawniej. Ty, o Pani, jesteś naszą ścieżką najkrótszą, najpewniejszą i najpiękniejszą – jak całkowicie słusznie mawiał święty Maksymilian Maria Kolbe. Ty, o Pani, jesteś ścieżką wskazaną nam przez samego Zbawiciela: przez Ciebie przyszedł On do nas, pokazując nam, że przez Ciebie i my do Niego dojść możemy. Święty Franciszek wskazał Ciebie swoim synom jako białą drabinę, po której najbezpieczniej można wdrapać się do nieba. Kto Ciebie znalazł, ten znalazł niebo – jak pastuszkowie i mędrcy udający się do Betlejem i znajdujący Maryję i Dzieciątko… Kto znalazł Ciebie, ten znalazł Pana Jezusa – bo jesteście nieodłączni, bo Ty nie możesz nikogo od Niego oddalić – a wszystkich do Niego prowadzisz.

Nie brak i dzisiaj – po Lourdes, po Fatimie! – takich, co usiłują odtrącić Twoje przewodnictwo i pośrednictwo. Wielu pomagasz z matczyną delikatnością i dyskrecją – tak, aby w swym zadufaniu nie zorientowali się, kto ich chroni przed runięciem w przepaść. Innym pomału odsłaniasz Twoje olśniewająco piękne oblicze. Iluż to katolików letnich odkrywa w końcu Ciebie – a odkrywszy Ciebie, zmienia całkowicie swoje życie, rozpalając je nowym żarem? Bo jakże można patrzeć z obojętnością na zatracenie miliardów dusz, wiedząc, że to Twoje dzieci, jakkolwiek niesforne i zagubione? Ilu nawróconych protestantów, żydów, muzułmanów i ateistów z całkowitym zaufaniem oddają Tobie swoje nowe życie! Prowadzi ich niezawodny instynkt niemowlęcia szukającego matczynej piersi; prowadzi ich sam Duch Święty, który pragnie wylać na nich całą szczodrość swoich darów, ale który na tej ziemi nie działa inaczej jak przez Ciebie. Tak było w dniu Zwiastowania, tak było w Kanie Galilejskiej, tak było na Kalwarii i w Wieczerniku… w każdym wielkim dziele łaski Ty, o Pani, jesteś obecna. To prawidło powtarza się nieustannie i niezmiennie w każdej duszy znajdującej łaskę, powracającej do łaski lub wzrastającej w łasce.

O Pani Najświętsza! Ty sama skłoń serce cierpliwego Czytelnika, który dobrnął do końca tego dziełka… albo tego, który (czyż nie łaską wiedziony?) otworzył je na chybił trafił właśnie tu, gdzie o Tobie jest mowa… Skłoń to serce, aby odrzuciło zgubną pychę – która od dwóch tysiącleci zawsze podnosi swoje zastrzeżenia w stosunku do nabożeństwa maryjnego – i by z dziecięcą ufnością uciekło się do Ciebie… Pokora i zaufanie – są motywem przewodnim tej książeczki, bo są koniecznym warunkiem tego, aby działała w nas Boska alchemia. Pokory potrzeba człowiekowi XXI wieku – dziedzicowi niezliczonych błędnych ideologii ostatnich stuleci – aby uznał w Tobie Matkę… a może bardziej jeszcze: aby uznał w sobie samym dziecko. „Jeśli nie staniecie się jak dzieci, mówi Pan Jezus, nie wejdziecie do królestwa niebieskiego" (Mt 18,3). Dziecko potrzebuje Matki. My potrzebujemy Ciebie, o Maryjo, o Pani najsłodsza, o Przewodniczko nasza! Dopóki nie uznamy tej naszej potrzeby, będziemy tułać się po bezdrożach.

Daruj więc, o Pani moja, jeśli ośmielam się nazwać Cię „kociołkiem alchemika". Ty wiesz, jak czystą mam intencję. Ty wiesz, że przyprowadzam Ci oto tych, którzy cierpliwie przebrnęli przez poprzednie rozdziały tej książki. Są to ludzie szukający łatwego zysku. Ludzie żądni przebóstwienia. Pragnący uzyskać z nędznego materiału czyste złoto. Powiedziałem im, że dobrze trafili. Poleciłem im pokorę i ufność. Wskazałem kilka ogólnych i szczególnych prawideł – w sposób daleko niekompletny, ale i z odesłaniem do znakomitej literatury, w której znajdą uzupełnienie… Teraz przyprowadzam ich do Ciebie. Tobie ich polecam, prosząc abyś Ty sama dokonała w nich tego dzieła, abyś Ty spełniła ich pragnienie; abyś Ty poprowadziła ich na skróty do świętości, do najwyższej.

Nie tylko jednak polecam ich Tobie – ale i Ciebie polecam im. Niektórzy może nie słyszeli jeszcze o cudach uświęcenia, jakich Pan Bóg przez Ciebie dokonuje każdego dnia. Niektórzy, zwiedzeni racjonalizmem, modernizmem, protestantyzmem mogą jeszcze patrzeć sceptycznie na katolicką maryjność. Może wydaje im się jeszcze, że różaniec jest modlitwą dobrą dla starych panien (Bogu dzięki – jest dobry również dla nich!); że szerzenie Twojej czci jest czymś *passé*, że idea całkowitego oddania się Tobie była jakąś dziwaczną fiksacją tego i owego świętego… ale nic ponadto. Ty sama, o Niepokalana, daj im odkryć, jak bardzo Cię potrzebują! Jeśli jednak zechcesz, posłuż się w tym dziele także moimi słowami…

***

Wszystko, co do tej pory powiedzieliśmy, jest ważne i pomocne w naszym uświęceniu. Święta alchemia uczy nas doceniać to, co niepozorne i nieważne – bo nie tylko „diabeł tkwi w szczegółach", ale tkwi w nich także – i przede wszystkim! – Bóg wraz ze swoją łaską. Codzienne drobiazgi mogą stać się czystym złotem. Nauczyliśmy się więc zbierać każdego dnia wielką ilość „bezwartościowych" materiałów – takich jak nieskończenie krótkie chwile, jak monotonne i przyziemne obowiązki stanu, jak cierpienia i upokorzenia, jak doznawane pokusy i popełnione grzechy. Cóż jednak trzeba z tym wszystkim zrobić, aby tym pewniej uzyskać pożądany rezultat? Alchemik wlewa swoje substancje do kociołka. My nie możemy uczynić nic lepszego, jak wszystko oddać Najświętszej Pannie Maryi. W tym kociołku nasze nędze szlachetnieją; nasze chwile zakorzeniają się w wieczności, nasze cierpienia nabierają rysów współodkupieńczych, nasze obowiązki stanu stają się podobne Jej pracy w Nazarecie…

Sam Pan Jezus wskazuje nam tę sztukę, ganiąc sługę z przypowieści o talentach. Otóż ten sługa, który otrzymał najmniej, poprzestał na tym, żeby niczego nie stracić. Zakopał pieniądze swojego pana, nie pomnażając ich. Pan nazywa go „sługą złym i gnuśnym" i wypomina mu to, że nie powierzył pieniędzy bankierom: „Powinieneś był oddać moje pieniądze bankierom, a ja po powrocie byłbym z zyskiem odebrał swoją własność" (Mt 25,27). Otóż Maryja jest niebieską

„bankierką" zapewniającą nam samym – ale zarazem także Panu Bogu – największy zysk. Kto Jej powie sławne od czasów świętego Bonawentury *Totus tuus sum et omnia mea tua sunt* (twój jestem cały i wszystko moje twoim jest), ten zrobi najlepszy możliwy interes. Wleje do kociołka bezwartościowe błoto i zamieni je w najczystsze złoto.

> Jakich cudownych mielibyśmy apostołów – woła o. Neubert – gdybyśmy tylko znali tajemnicę łatwego i szybkiego stawania się drugim Chrystusem! A oto ta tajemnica. Aby stać się Apostołem ludzkości, Syn Boży chciał narodzić się z Dziewicy Maryi i być przez Nią wychowany. (…) Misją Maryi było wychować i dać nam Chrystusa. Pozostanie na zawsze Jej misją wychowywanie i dawanie Chrystusa przez formowanie pozostałych dzieci na podobieństwo Jej Pierworodnego.

I dalej, ojciec Neubert wskazuje nam, co możemy uczynić, aby ułatwić Maryi to zadanie:

> Z pewnością osiągnie ten cel szybciej i lepiej w stosunku do tych, którzy cali się Jej poświęcili. (…) Oto właśnie *tajemnica*, według której można łatwo

zmienić się w drugiego Chrystusa. Wielu jej użyło i odkryli, że jest niezawodna. Pójdź w ich ślady, a jak oni odniesiesz sukces[58].

Być całkowicie Jej – nie oznacza to, rzecz jasna, życia wolnego od trudów i cierpień. Jest to jeden z częstszych błędów osób wstępujących na ścieżkę nabożeństwa maryjnego: uznać zawierzenie się Maryi za swoiste stanie się kotem cesarzowej, mającym same przywileje, a już zwłaszcza prawo do bycia przez nią głaskanym. Nie tak pojmowali nabożeństwo do Niepokalanej i swoje bezwarunkowe oddanie się Jej św. Ludwik czy św. Maksymilian, pragnący „żyć, pracować, cierpieć, wyniszczyć się i umrzeć dla Niej”. Na maryjnej ścieżce nie zabraknie nikomu pociech – ale nie zabraknie też bólu. Wejście na tę ścieżkę nie oznacza więc wzięcia środka przeciwbólowego, zwolnienia z jakiegokolwiek wysiłku. Jednocześnie jednak wejście na nią oznacza swego rodzaju „pójście na łatwiznę”, bo oznacza właśnie wstąpienie na tę drogę świętej alchemii, dzięki której wszystko nabiera nieporównanie wyższego sensu. Oznacza także, że pośród wszystkich prób towarzyszyć będzie nam ta szczególna matczyna

---

58 Tamże.

czułość, dająca posmak słodyczy w największych nawet utrapieniach, dodająca sił w najcięższych nawet trudach, we wszystkim dająca poczucie ładu i sensu.

Czasami duszę przeraża perspektywa ofiary. To, o co prosi Bóg, jest zbyt trudne; wydaje się niemożliwe do zrealizowania. Dusza się od tego odwraca, stara się o tym zapomnieć, ale Boże przynaglenie podąża za nią. Wówczas ona rzuca się do stóp Maryi: „Matko, nie mogę!". A Maryja łagodnie pozwala duszy zrozumieć, że Jezus pragnie jedynie jej szczęścia i że Ona pomoże zrealizować to Jego pragnienie. I gdy tylko dusza odpowiada nieśmiałym „tak", zostaje przemieniona i uszczęśliwiona odzyskaną harmonią wewnętrzną[59]

I to doświadczenie jest udziałem niezliczonych dusz. Któż spośród tych, którzy oddali się całkowicie Niepokalanej, nie zna owego *„Fiat!"* rodzącego się w prawdziwej boleści, w niepokoju, w paraliżującej wręcz obawie przed brzemieniem odpowiedzialności… i któż nie zna przenikającego głębię jestestwa poczucia pokoju, następującego natychmiast po wypowiedzeniu owego *„Fiat!"*. Wszystko, o czym była mowa na kar-

---

[59] E. Neubert, *Życie w zjednoczeniu z Maryją*, cz. II, rozdz. II.

tach tej książki – wszystko zasługuje na umaryjnienie, na oddanie Tej, która wszystko oczyści, która wszystkiemu nada najpiękniejszą woń Jej własnych cnót.

Zaczęliśmy te rozważania pięknym mottem sługi Bożego ks. Józefa Canovaia:

> Weź, o Panie, tę nędzę, którą daję,
> i tę nicość, którą jestem
> – a daj mi to bogactwo, na które czekam,
> i to Wszystko, którym jesteś

Warto, aby każdy z nas na swoje własne potrzeby umaryjnił tę modlitwę. Oddajmy Maryi tę nędzę, którą dać możemy, i tę nicość, którą jesteśmy. Prośmy Ją o to, aby dała nam to bogactwo, które Ona może nam dać – i które dała nam, wypowiadając swoje *„Fiat!"* – Pana naszego Jezusa Chrystusa, który jest Wszystkim.

Święty Ludwik, a za nim rzesza czcicieli Maryi, z kardynałem Wyszyńskim, wskazują na konieczność stania się jako dzieci w Jej łonie. Nie ma większej zależności. Nie ma „bycia własnością" w większym stopniu jak ten, kiedy dziecko żyje pod sercem matki. Stańmy się duchowo takimi dziećmi, a – jak Serce Jezusowe – tak i nasze serce będzie przez Nią uformowane, „przez Ducha Świętego w łonie Dziewicy Matki tworzone". Stanie się, serce nasze, „według Serca Jezusowego".

Spoi się ono, niejako stopi – w „gorejącym ognisku miłości" – w jedno z Sercami Najświętszymi. I oby każde jego uderzenie, znacząc upływ tych nieskończenie małych „nasionek wieczności", tych „chwil obecnych", w których Wieczność ma się wcielić w naszym życiu; oby każde uderzenie tego serca stało się podwójnym aktem miłości: Jezusa do Maryi, Maryi do Jezusa. Skurcz – rozkurcz; skurcz – rozkurcz… To Jezus mówi „Maryja", to Maryja mówi „Jezus"…

„Żyję już nie ja, żyje we mnie Chrystus" – mówi św. Paweł (Gal 2,20). Żyję już nie ja, żyje we mnie Chrystus, by wysławiać Maryję. Żyje we mnie Maryja, wielbiąc Jezusa.

DODATEK

CHWILA OBECNA

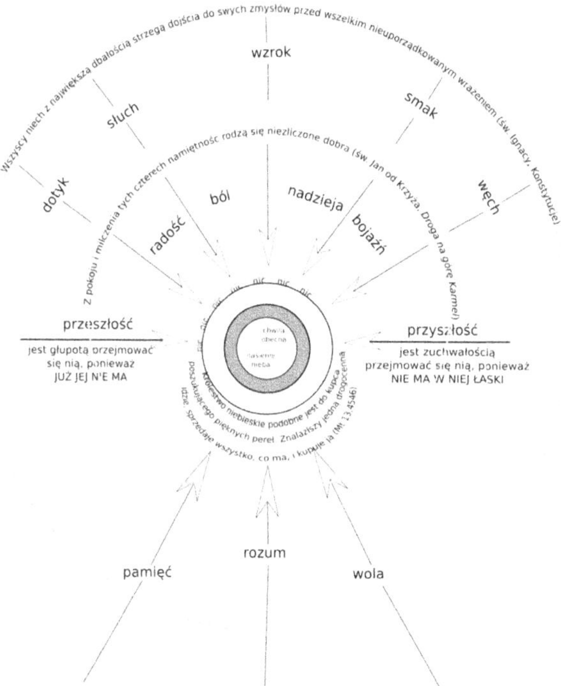

(na podst. schematu o. Amata Dagnina[1]
oprac. graficznie br. Efrem M. Havrila)

---

[1] O. A. Dagnino, dz. cyt., s. 235.

Modlitwy o skruchę serca (o dar łez)
wg *Mszału rzymskiego* (z 1962 roku)

Kolekta

Wszechmogący i najłaskawszy Boże, który dla spragnionego ludu wywiodłeś ze skały źródło żywej wody: dobądź z twardych serc naszych łzy skruchy, abyśmy mogli opłakiwać nasze grzechy i zasłużyli u Twego miłosierdzia na ich odpuszczenie. Przez Pana naszego Jezusa Chrystusa Syna Twojego, który z Tobą żyje i króluje w jedności Ducha Świętego Bóg przez wszystkie wieki wieków. Amen.

Sekreta

Prosimy Cię, Panie Boże, wejrzyj łaskawie na ofiarę, którą składamy Twojemu majestatowi za nasze grzechy, i dobądź z naszych oczu strumienie łez, byśmy mogli nimi ugasić płomienie zasłużonej kary. Przez Pana naszego Jezusa Chrystusa Syna Twojego, który z Tobą żyje i króluje w jedności Ducha Świętego Bóg przez wszystkie wieki wieków. Amen.

Pokomunia

Panie Boże, wlej w nasze serca łaskę Ducha Świętego; niech ona sprawi, byśmy łzami skruchy obmyli zmazy naszych grzechów i dostąpili z Twojej dobroci upragnionego przebaczenia. Przez Pana naszego Jezusa Chrystusa Syna Twojego, który z Tobą żyje i króluje

w jedności tegoż Ducha Świętego Bóg przez wszystkie
wieki wieków. Amen.

Mszał rzymski, przeł. i oprac. benedyktyni tynieccy,
Poznań 1963 (reprint: Warszawa 2008), s. 1281

Św. Augustyn
Domine Jesu, noverim me, noverim te

Panie Jezu, niech poznam siebie, niech poznam Ciebie.
Niech niczego nie pragnę oprócz Ciebie.
Niech wstręt czuję do siebie, a kocham Ciebie.
Niech czynię wszystko ze względu na Ciebie.
Niech poniżam siebie, a wywyższam Ciebie.
Niech myślę tylko o Tobie.
Niech umartwiam siebie, bym żył w Tobie.
Cokolwiek się zdarzy, niech przyjmę od Ciebie.
Niech prześladuję siebie, a naśladuję Ciebie.
Niech zawsze pragnę iść za Tobą.
Niech uciekam od siebie, a uciekam się do Ciebie,
    bym zasłużył na obronę przez Ciebie.
        Niech się lękam o siebie, niech się lękam Ciebie,
        bym się znalazł miedzy wybranymi przez Ciebie.
Niech nie ufam sobie a ufność pokładam w Tobie.
Niech będę posłuszny przez wzgląd na Ciebie.
Niech moje serce lgnie tylko do Ciebie.
Niech będę ubogi z miłości do Ciebie.

Wejrzyj na mnie, bym pokochał Ciebie.
Przyzwij mnie, bym ujrzał Ciebie.
I na wieki radował się Tobą. Amen

Schemat bł. Antoniego Chevriera o kapłaństwie

Kapłan jest „drugim Chrystusem" w sposób szczególny, ale każdy chrześcijanin również ma być „drugim Chrystusem". Toteż, nawet jeśli ten schemat skierowany jest do kapłanów i kapłani powinni z niego czerpać w najwyższym stopniu, to również wierni świeccy mogą w nim znaleźć wartościowy pokarm dla swoich dusz (byleby nie stał się on dla nich pretekstem do narzekania na księży, bo na tym dusza raczej nic nie zyska…)

Sacerdos alter Christus

Exemplum dedi vobis, ut quemadmodum ego feci ita et vos faciatis (J 13, 15)

ŻŁÓBEK (ubóstwo) kapłan powinien być:		KALWARIA (śmierć, ofiara ducha) kapłan powinien:		TABERNAKULUM (miłość) kapłan powinien:	
UBOGI:	POKORNY:	UMIERAĆ:	OFIAROWYWAĆ SIĘ:	DAWAĆ:	DAWAĆ ŻYCIE INNYM:
- w swym domu	- w duchu i w sercu	- ciału		- ciało	
- w ubiorze		- duchowi	- przez milczenie	- ducha	- przez swą wiarę
- w pokarmach	- w stosunku do:	- woli	- przez modlitwę	- czas	- przez naukę
- w rzeczach zewn.	- Boga	- sławie	- przez pracę	- swoje dobra	- przez słowa
- w pracy	- ludzi	- rodzinie	- przez pokutę	- zdrowie	- przez modlitwę
- w posługiwaniu	- siebie samego	- i światu	- przez ból i śmierć	- życie	- przez przykład

Im ktoś jest uboższy i pokorniejszy, tym większą Bogu przynosi chwałę, a bliźniemu pożytek.
KAPŁAN TO CZŁOWIEK ODARTY
(homo spoliatus)

Im bardziej kapłan umiera sobie samemu, tym bardziej sam żyje i innym życia udziela.
KAPŁAN TO CZŁOWIEK UKRZYŻOWANY
(homo crucifixus)

Trzeba stać się jak dobry chleb.
KAPŁAN TO CZŁOWIEK SPOŻYWANY
(homo consumptus)

bł. Antoni Chevrier

Raffael kard. Merry del Val
Litania pokory

O Jezu cichy i pokornego serca, uczyń serce me według
Serca Twego.

Od mojej własnej woli – wybaw mnie, Jezu!

Od pragnienia bycia szanowanym – wybaw mnie, Jezu!

Od pragnienia bycia kochanym – wybaw mnie, Jezu!

Od pragnienia bycia wychwalanym – wybaw mnie, Jezu!

Od pragnienia zaszczytów – wybaw mnie, Jezu!

Od pragnienia podziwu i uwielbień – wybaw mnie, Jezu!

Od pragnienia bycia wyróżnianym – wybaw mnie, Jezu!

Od pragnienia bycia proszonym o radę – wybaw mnie, Jezu!

Od pragnienia bycia akceptowanym – wybaw mnie, Jezu!

Od pragnienia bycia zrozumianym – wybaw mnie, Jezu!

Od pragnienia bycia odwiedzanym – wybaw mnie, Jezu!

Od lęku przed upokorzeniem – wybaw mnie, Jezu!

Od lęku przed wzgardą – wybaw mnie, Jezu!

Od lęku przed odtrącaniem – wybaw mnie, Jezu!

Od lęku przed oszczerstwami – wybaw mnie, Jezu!

Od lęku przed popadnięciem w zapomnienie – wybaw
mnie, Jezu!

Od lęku przed wyśmianiem – wybaw mnie, Jezu!

Od lęku przed podejrzeniami – wybaw mnie, Jezu!

Od lęku przed obelgami – wybaw mnie, Jezu!

Od lęku przed opuszczeniem – wybaw mnie, Jezu!

Od lęku przed odrzuceniem – wybaw mnie, Jezu!
Aby inni byli kochani bardziej niż ja – Panie, udziel mi łaski,
    bym tego pragnął!
Aby inni byli cenieni bardziej niż ja – Panie, udziel mi łaski,
    bym tego pragnął!
Aby w opinii świata inni rośli, a ja się umniejszał – Panie,
    udziel mi łaski, bym tego pragnął!
Aby inni byli chwaleni, a ja bym był zapomniany – Panie,
    udziel mi łaski, bym tego pragnął!
Aby inni z pożytkiem służyli, a ja bym był odsuwany na
    bok – Panie, udziel mi łaski, bym tego pragnął!
Aby inni byli wyróżniani we wszystkim – Panie, udziel mi
    łaski, bym tego pragnął!
Aby inni byli bardziej święci ode mnie, bylebym został
    święty na miarę moich możliwości – Panie, udziel mi
    łaski, bym tego pragnął!
Gdy będę nieznany i ubogi – Panie, pragnę się tym cieszyć!
Gdy będę pozbawiony naturalnych doskonałości ciała
    i umysłu – Panie, pragnę się tym cieszyć!
Jeśliby o mnie nie myślano – Panie, pragnę się tym cieszyć!
Jeśliby zlecano mi najniższe posługi – Panie, pragnę się
    tym cieszyć!
Jeśliby nawet nie raczono się mną posługiwać – Panie, pra-
    gnę się tym cieszyć!
Jeśliby nigdy nie pytano mnie o zdanie – Panie, pragnę się
    tym cieszyć!

Jeśliby zostawiono mnie na ostatnim miejscu – Panie, pragnę
    się tym cieszyć!
Jeśliby nigdy nie prawiono mi komplementów – Panie,
    pragnę się tym cieszyć!
Jeśliby mnie ganiono w porę i nie w porę – Panie, pragnę
    się tym cieszyć!
O Jezu cichy i pokornego serca, uczyń serce me według
    Serca Twego!

Św. Józef Sebastian Pelczar
**Kimkolwiek jesteś, wypełniaj należycie
swoje obowiązki!**

Spełniaj należycie wszystkie obowiązki, które nałożył na ciebie Bóg albo które dobrowolnie przyjąłeś
Mianowicie:

- jeżeli jesteś kapłanem, staraj się uświęcić siebie samego i uświęcaj drugich, ile możesz, pracując gorliwie
  w kościele i poza kościołem.
- Jeżeli jesteś zakonnikiem lub zakonnicą, żyj jak najściślej według swoich ślubów i ustaw.
- Jeżeli jesteś urzędnikiem, dbaj o dobro publiczne, broń sprawiedliwości, przestrzegaj porządku
  i pokoju; w społeczeństwie pomnażaj chwałę Bożą,
  a sam bądź wzorowym chrześcijaninem.

- Jeżeli jesteś nauczycielem, staraj się najpierw o nabycie potrzebnych wiadomości, a potem oddawaj się z poświęceniem pracy z dziećmi i ucz je pilnie, czuwaj nad nimi, odwódź od złego, zaprawiaj do cnót, a zwłaszcza do pobożności, czy to słowem, czy przykładem.
- Jeżeli jesteś rzemieślnikiem lub wieśniakiem, pracuj pilnie przy warsztacie lub na roli, uświęcając pracę modlitwą i pobożną pieśnią. Pracuj uczciwie, nie krzywdząc nikogo, pracuj po Bożemu, nie gwałcąc dni świętych – i ofiaruj wszystko na chwałę Bożą.
- Jeżeli jesteś możny i bogaty, nie wynoś się ani z powodu herbu, ani majątku, ani godności; nie nadużywaj darów Bożych, którymi cię hojniej obsypała Opatrzność. Niech twoją chlubą i zadaniem życia będzie przyczyniać się według sił do uwielbienia Pana Boga, do uświetnienia Kościoła i ojczyzny, do podniesienia dobra społecznego, do ulżenia nędzy współbraci.
- Jeżeli jesteś ubogi, nie szemraj przeciw woli Bożej, lecz zadowalając się tym, co masz, pracuj i módl się, a Bóg cię nie opuści.
- Jeżeli jesteś przełożonym, świeć podwładnym dobrym przykładem, zwracaj na nich uważne i czujne oko, nagradzaj dobrych, upominaj błądzących, karz opornych, kierując się zawsze roztropnością, słodyczą i męstwem.

- Jeżeli jesteś podwładnym, poddaj się pokornie swej władzy, słuchaj jej we wszystkim, co się nie sprzeciwia woli Bożej, słuchaj ochotnie, dokładnie i wytrwale, szanuj ją dla Boga samego, a ten szacunek objawiaj i na zewnątrz.

- Jeżeli jesteś panem lub panią domu, wybieraj sobie pomoce domowe, które są bogobojne i uczciwe, nie znosząc w domu żadnego zgorszenia. Skoro już wybrałeś, obchodź się z nimi należycie, nie obciążaj ich pracą, nie zwracaj się do nich zelżywymi słowami, nie odmawiaj im zasłużonej zapłaty lub stosownego pożywienia czy wypoczynku, nie wzbraniaj uczęszczania na nabożeństwa i przystępowania do sakramentów świętych; owszem, pociągaj ich sam do tego, ćwicz w świętej karności, pielęgnuj w chorobie, słowem, staraj się o ich duchowe i doczesne dobro.

- Jeżeli jesteś sługą, nie narzekaj na swe przykrości, ale służ Bogu doskonale w tym stanie, szanuj swoich pracodawców, spełniaj ich rozkazy bez szemrania, postępuj zgodnie z obyczajami, bądź cichy, uległy, pracowity i uczciwy.

- Jeżeli jesteś ojcem lub matką, kochaj swoje dzieci po Bożemu i wychowuj je dla Boga; a stąd staraj się nie tylko o utrzymanie dla nich i zabezpieczenie im przyszłości, ale co ważniejsze: ucz je o Bogu i ćwicz w bojaźni Bożej przykładem lub upomnieniem.

- Jeżeli jesteś dzieckiem pod opieką rodziców, czcij ich, kochaj i słuchaj, jak Bóg przykazał. A chociaż wyjdziesz spod ich opieki, nie umniejszaj szacunku i miłości, owszem, staraj się wieczór ich życia uczynić pogodnym i miłym.
- Jeżeli jesteś mężem lub żoną, dochowuj tego, co przyrzekłeś przy ołtarzu, aby żyć z towarzyszką lub towarzyszem życia w świętej miłości i aby uświęcić się nawzajem.
- Jeżeli jesteś wdowcem lub wdową, znoś cierpliwie swe osierocenie, unikaj pilnie wszystkiego, co by mogło nadwerężyć cnotę czystości lub dobre imię narazić na szwank, ukochaj więcej samotność i pobożne życie.
- Jeżeli jesteś młodzieńcem lub dziewicą, czuwaj troskliwie, by na cnocie anielskiej nie ponieść szkody, strzeż się zatem złego towarzystwa, złych rozmów, złych książek, złych przyjaźni; unikaj szału w zabawach i próżnowania, natomiast przestrzegaj zawsze skromności, oddawaj się ciągłej pracy i przystępuj do sakramentów świętych, wybrawszy sobie dobrego przewodnika duszy.

Słowem, kimkolwiek jesteś, wypełniaj należycie swoje obowiązki.

(Św. Józef Sebastian Pelczar, *Życie duchowe*, t. II, rozdz. 27, s. 213–214)

„Straszna codzienność", czyli małe gesty miłości, jakimi możemy dyskretnie wypełniać nasze dni[2]

Małe rzeczy – małe akty – małe wyrzeczenia – małe cierpienia do ofiarowania z radością Panu Jezusowi: oto prawdziwy sposób miłowania Go i podobania się Mu. Oto dary najmilsze, kwiatki najładniej pachnące, prezenty najbardziej niepozorne, ale najwięcej kosztujące i nie wiążące się z niebezpieczeństwami miłości własnej. Również z punktu widzenia ludzkiego są to środki niezwykle skuteczne dla ćwiczenia woli i opanowywania charakteru.

Umartwienie języka

Mówić cicho – odpowiadać ze słodyczą – nie przerywać innym – wypowiadać się w sposób przemyślany i zrównoważony – poczekać z powiedzeniem jakiejś nowiny – nie być autorytatywnym, nieuprzejmym lub

---

[2] Ten wykaz drobnych umartwień przytaczany jest, z niewielkimi różnicami, w różnych dziełach duchowych oraz mistycznych od co najmniej kilkudziesięciu lat. Tu w większej części przełożyłem go wg tego, jak podaje go o. Amato Dagnino (dz. cyt. s. 1300–1302), uwzględniając jednak także inne redakcje. Dlaczego codzienność „straszna"? Czytelnik sam się przekona, że wzdrygnie się nieraz, czytając te wskazówki… Wielu dzień w dzień boi się tych codziennych krzyżyków – dostrzeżenie w nich upstrzonej pięknymi kwiatami łąki może być tym bardziej olśniewającym odkryciem…

niecierpliwym wobec bliźniego – szanować cudzą opi-
nię – pozwolić mówić także innym – unikać niepotrzebnych słów i rozmów (ale znosić je, kiedy wymaga
tego miłość) – nie mówić w czasie milczenia (poza
motywami posłuszeństwa lub miłości) – nie śmiać się
zbyt głośno itd., itd. …

Umartwienie ciała

Skromne ułożenie ciała (także gdy się jest samemu!) –
nie zakładać nogi na nogę – nie trzymać rąk w kieszeni –
unikać siedzenia w fotelu – nie dotykać innych (nawet
w sposób zupełnie niewinny) ani nie pozwalać się dotykać – wykonywać dobrze znaki krzyża, przyklęknięcia
i ukłony (np. na *Chwała Ojcu…* albo na Imię Jezus) –
nie opierać się, przez jakiś czas, podczas modlitwy na
klęcząco – wstawać rano bezzwłocznie o oznaczonej
porze, nie udzielając ani chwili lenistwu (dobry przebieg
dnia zależy od gorliwego początku w stopniu większym
niż się to nam wydaje!) – poprzestać na słusznym odpoczynku, nie leniuchując – nie nadużywać własnego
zmęczenia – nie skarżyć się („boli mnie głowa"…„jestem
zmęczony / głodny / spragniony"), itd., itd. …

Umartwienie woli

Uśmiechnąć się, zwłaszcza kiedy to kosztuje – roztaczać
dokoła pogodę ducha – podnieść z ziemi kawałek papie-

ru – wrócić się, żeby zamknąć (po cichu!) niedomknięte
drzwi – nie ulegać pośpiechowi – obchodzić się z przed-
miotami delikatnie, unikając niepotrzebnych hałasów –
nie mówić pod wpływem wzburzenia – być surowym
wobec siebie, ale wyrozumiałym wobec innych – zadać
sobie gwałt, aby być słodkim w stosunku do bliźnich –
zrezygnować z ciętej riposty – nie śnić o innym życiu
/ innym miejscu / innym powołaniu, w którym byłoby
nam lepiej – nie pożądać zmian, ale trwać spokojnie
tam, gdzie Opatrzność (posłuszeństwo) wyznaczy nam
miejsce – nie unikać spojrzenia / towarzystwa osoby
antypatycznej – zachowywać spokój pośród przeciwności, wypadków i nieprzyjemności – wykonać gest
uprzejmości właśnie wtedy, gdy się na to nie ma ochoty – nie przeglądać się w lustrze bez potrzeby (i ponad
potrzebę) – nigdy nie używać makijażu – zrezygnować
z jakiejś wstążki, kokardki, elementu biżuterii – ubierać
się ze skromnością – zachowywać wymogi elegancji
według własnego stanu, ale nie ulegać modom, itd., itd. …

Umartwienie ciekawości

Powstrzymywać ciekawość – nie zapytać o jakąś nowi-
nę – zrezygnować z opowiedzenia jakiegoś wydarzenia,
anegdoty, wtrącenia swoich trzech groszy – kontro-
lować rodzące się pragnienie czytania / oglądania ga-
zety, czasopisma, filmu, książki: odczekać trochę dla

uspokojenia woli – nie żywić głodu niepotrzebnych wiadomości (nie szukać ich, nie rozprawiać o nich) – nie wyglądać przez okno niepotrzebnie – nie odwracać głowy na każdy hałas – poczekać trochę z otworzeniem listu, na który się czekało, itd., itd. …

Umartwienie łakomstwa
Nie przyprawić niedosolonej zupy – zaczekać z napiciem się – jeść wolno („delektować się") mniej smaczne jedzenie – zrezygnować z czegoś orzeźwiającego podczas letnich upałów – nie jeść i nie pić poza posiłkami lub rzeczywistą koniecznością – przestrzegać przy stole norm dobrego zachowania – nie delektować się nadmiernie tym, co smakuje – nie opychać się – nie pochłaniać jedzenia jak głodne zwierzę – zawsze wstawać od stołu z odrobiną niedosytu – wyrzec się jakiegoś rodzaju napoju / słodyczy (o ile uprzejmość nie nakazuje poczęstować się nim!) – nie zdradzać innym swoich upodobań: niech nikt nie wie, co nam smakuje, a co nie – zrezygnować z palenia papierosów, itd., itd. …

Umartwienie miłości własnej
Unikać pochwał, a tym bardziej chwalenia się – nie mówić nigdy spontanicznie o sobie i swoich sprawach – nie myśleć o sobie – nie myśleć o tym, co inni mogą o nas pomyśleć – nie usprawiedliwiać się, nie szukać

wymówek – znosić cierpliwie siebie samych – nie zniechęcać się niedoskonałościami i grzechami, ale natychmiast zaczynać od nowa – z radością i pokorą uznawać własną niedoskonałość – unikać używania słowa „ja" – nie stawiać się na świeczniku – unikać pozerstwa, itd., itd. …

Małe akty wielkiej miłości
Wyświadczać przysługi, których nikt nie zauważa – nie myśleć o zdobywaniu czyjejś wdzięczności czy podziękowania – być szczerym i umieć cierpliwie znosić fałszywość innych – zaprowadzać pokój, także (zwłaszcza!) bez wiedzy tych, którym się pomaga – znosić cierpliwie osoby lub rozmowy nieprzyjemne – nie okazywać znudzenia, potrafić zainteresować się czymś nieciekawym – jak ognia unikać obmowy – nie dać po sobie poznać doznanej przykrości – milczeć, współczuć, zapominać – odpowiadać czystym (wolnym od ironii czy dwuznaczności!) uśmiechem na spojrzenie ironiczne lub raniące – poprosić kogoś o przysługę, by sprawić mu radość – stawiać się w sytuacji bliźniego – znajdować słowo usprawiedliwienia dla cudzych błędów – pozostawić innym ostatnie słowo w dyskusji, nawet mając rację – odstąpić komu innemu „prawa autorskie" dotyczące dowcipu / wiadomości / pomysłu wypowiedzianego najpierw przez nas, itd., itd. …

Punktualność

Doskonała precyzja i punktualność we wszystkim – wykonywać daną pracę do ostatniej minuty czasu przeznaczonego na nią – przerywać natychmiast lekturę / pracę / odpoczynek / rozrywkę na głos obowiązku / posłuszeństwa / miłości, itd., itd. …

Wytrawne cierpienia

Popaść w śmieszność i być pośmiewiskiem dla innych – nie być kochanym – nie być docenianym – nie cieszyć się zaufaniem bliźnich – żyć w mroku, w duchowej ciemności, w niezawinionej oschłości – po wielkim wysiłku osiągać mało rezultatów – nie widzieć owoców własnej pracy lub widzieć, jak są one przypisywane komu innemu – doświadczać pożałowania ze strony osób godnych pożałowania – bez własnej winy tracić czas wśród małych przeciwności (cudze spóźnienie, nużące sprawy urzędowe…) – mieć talent do czegoś, a pracować w czymś zgoła innym – być źle zrozumianym, źle ocenianym, źle osądzanym – mieć słabe zdrowie, ale wyglądać na zdrowego – znajdować się pod zwierzchnością osoby przeciętnej / niemiłej / dającej sprzeczne polecenia – słyszeć, jak inni podkreślają wciąż nasze błędy i wady, a nigdy zalety i cnoty – otrzymywać przykre pouczenia o pokorze, miłości ze strony osób, którym ewidentnie ich brakuje… i umieć za nie pokornie podziękować – czuć się niezrozumianym i niedocenionym przez osoby, które najbardziej miłujemy, którym wyświadczyliśmy dobro lub przebaczyliśmy zło… – robić swoje, nie zwracając uwagi (własnej i cudzej) na gorsze samopoczucie czy zmęczenie – rozsiewać wkoło pokój i pogodę, nawet cierpiąc duchowo lub fizycznie – siać dobro i zbierać milczenie lub niewdzięczność – w cierpieniu, w niesprawiedliwości, w poniżeniu: milczeć, milczeć, milczeć – Jesus autem tacebat (Mt 26,63).

Oto łąka pełna przeróżnych kwiatków, z których od rana do wieczora można wybrać niektóre, przygotowując codzienny bukiet do ofiarowania Jezusowi i Maryi, dziękując Im za Ich miłość i za odkupienie. Kwiatki, do których dodać można inne, podpowiedziane przez natchnienia Bożej łaski oraz miłości do Boga i do dusz. Kwiatki niepozorne, polne, niedrogie – a przecież najpiękniejsze i najcenniejsze w oczach Obdarowanego. Kwiatki zbierane i ofiarowywane dyskretnie, z radością i z łatwością; z miłością do Miłości nieskończonej, która jako jedyna może dostrzec i docenić każdy z naszych malutkich darów, odpłacając za nie swoją prawdziwie Boską szczodrością.

BIBLIOGRAFIA

Augustyn, św., *O Państwie Bożym : przeciw poganom ksiąg XXII*, Warszawa 1977

Biblia Tysiąclecia Starego i Nowego Testamentu, wyd. IV, Pallotinum, Poznań 2003, http://www.biblia.pl/ [dostęp: styczeń 2021].

Chmielowski Benedykt, *Nowe Ateny : albo akademia wszelkiej sciencyi pełna, na różne tytuły jak na classes podzielona, mądrym dla memoryjału, idiotom dla nauki, politykom dla praktyki, melankolikom dla rozrywki erygowana*, https://literat.ug.edu.pl/ateny/index.htm [dostęp: styczeń 2021]

Dagnino Amato, *La vita interiore*, wyd. III, Milano 1963[1]

Escrivá de Balaguer Josemaria, św., *Droga – Bruzda – Kuźnia*, Katowice – Ząbki 2000

---

[1] Odnotowuję numer wydania, ponieważ w późniejszych edycjach doszło do znaczącej zmiany tekstu (niekoniecznie na lepsze) [przyp. aut.].

Faber Fryderyk Wilhelm, *Postęp duszy*, Warszawa 2009
(cz. I) i 2010 (cz. II)

Feige Pierre, *Santifichiamo il momento presente*, Frigento
2008

Franciszek z Asyżu, św., *Pisma*, Kraków – Warszawa 2004

Garrigou-Lagrange Réginald, *Trzy okresy życia wewnętrznego*, Niepokalanów 2014

Gnocchi Karol, bł., *Pedagogia del dolore innocente*, Brescia
1956

Guardini Romano, *Znaki święte*, http://msza.net/i/om15_00.
html [dostęp: kwiecień 2021]

von Hildebrand Alicja, *Przywilej bycia kobietą*, Poznań 2008

Kolbe Maksymilian Maria, św., *Konferencje*, Niepokalanów
2009

Lewis Clive Staples, *Listy starego diabła do młodego*, Warszawa 1990

Most William George, *Maryja Współodkupicielka*, Płock
2019

Mszał rzymski, przeł. i oprac. benedyktyni tynieccy, Poznań
1963 (reprint: Warszawa 2008)

Neubert Emil, *Królowa dusz walczących*, Płock 2016

Neubert Emil, *Maryja w życiu kapłana*, Płock 2017

Neubert Emil, *Życie w zjednoczeniu z Maryją*, Płock 2016

Pelczar Józef Sebastian, św., *Życie duchowe : czyli doskonałość
chrześcijańska*, t. I–II, Kraków 2003

Pius XII, *Discorso di Sua Santità Pio XII a numerosi ferrovieri del compartimento di Napoli*, 6 lipca 1952, http://
www.vatican.va/content/pius-xii/it/speeches/1952/
documents/hf_p-xii_spe_19520706_ferrovieri-napoli.
html [dostęp: styczeń 2021]

Plus Raoul, *La mia meditazione : ai sacerdoti*, Torino – Roma
1938

Rodriguez Alfons, *Esercizio di perfezione e di virtù cristiane*,
t. I, Napoli 1849

Royo Marín Antonio, *La vita religiosa*, Roma 1968

Scupoli Wawrzyniec, *Walka duchowa*, Kraków – Dębogóra
2008

Słownik wyrazów obcych PWN, Warszawa 2004

Sopoćko Michał, bł., *Rozważania o Miłosierdziu Bożym
i konferencje. O pokusach*, AAB, T. LVII, mps, http://
www.faustyna.eu/rozwazania5_pl.htm#roz29 [dostęp:
kwiecień 2021]

Teresa od Dzieciątka Jezus, św., *Dzieje duszy*, Kraków 2007

Teresa od Dzieciątka Jezus, św., *Rękopisy autobiograficzne*,
Kraków 1997

Teresa od Jezusa, św., *Twierdza wewnętrzna*, Kraków 2014

Tomasz a Kempis, *Naśladowanie Chrystusa*, Warszawa 2015

Tomasz z Akwinu, św., *Suma Teologiczna*, Londyn 1962–1986

Vianney Jan Maria, św., *Kazania Proboszcza z Ars*, Warszawa 2008

SPIS TREŚCI

AVE MARIA!

Kościół św. Augustyna w Okoličnej na Ostrove należy do największych na rozciągającej się między Dunajem i Wagiem Wyspie Żytniej – krainie należącej do Słowacji, ale zamieszkanej w znacznej części przez Węgrów. Na naszej wsi „mniejszość" węgierska jest 80-procentowa.

Trudna historia (komunizm, czechosłowacka antywęgierskość) sprawiła, że tereny te są bardzo zaniedbane od strony duchowej. Brakuje kapłanów. Węgierskie powołania nierzadko uciekają na drugą stronę Dunaju. Słowaccy księża niechętnie uczą się węgierskiego. Węgierscy wierni nieufnie patrzą na słowackich księży. Nominalnie ⅔ mieszkańców to katolicy, ale praktykuje niespełna 10% z nich.

W 2019 roku trafiłem tu wraz z grupą współbraci. Znamienne, że tu, w sercu chrześcijańskiej Europy (w promieniu 150 km znajdują się aż trzy stolice!), z miejsca i spontanicznie nazwano nas „misjonarzami". Misjonarzami Matki Bożej Anielskiej – bo tylko Ona może dokonać rekatolicyzacji tego kraju. W 2020 roku, mimo słabej znajomości węgierskiego, zostałem mianowany administratorem parafii – to najlepiej świadczy, jak bardzo brakuje tu rąk do pracy. Jest co odbudowywać – nade wszystko od strony duchowej i moralnej. Pięć dekad komunizmu i co najmniej sto lat marazmu sprowadziły dobry lud zamieszkujący te tereny na poziom niekiedy przerażająco niski (problemy alkoholowe, rozbite rodziny, rozpusta, praktyczny ateizm).

Przez ostatnie dwa lata kościół św. Augustyna zaczął na nowo żyć. Jest otwarty i można się w nim modlić. Odwiedzający go wierni i ciekawscy mają dużą szansę natknąć się w środku na wspólną modlitwę kilku misjonarzy (w tej chwili jest nas tu czterech). Codziennie odprawiana jest Msza Święta. Wystawia się i adoruje Najświętszy Sakrament. Z mozołem głosi się węgierskie (czasem i słowackie) kazania.

Także od strony materialnej jest jednak mnóstwo do zrobienia. Rząd węgierski (na pomoc z Bratysławy trudno liczyć) przyznał nam ostatnio 14 mln forintów na remont kościoła. Ta niemała kwota pozwoli na przeprowadzenie remontu dzwonnicy – w kolejce czeka jednak fasada oraz boczne ściany, a całość remontu pochłonie zapewne ok. 120 000 euro.

Dzięki uprzejmości Wydawcy dochód ze sprzedaży tej książki zostanie przeznaczony na ten właśnie cel. Gdyby któryś Czytelnik chciał dodatkowo złożyć ofiarę na remont, można to uczynić na konto parafii:

Rímskokatolicka cirkev, farnosť Okoličná na Ostrove,
ul. Majora 35, 946 13 Okoličná na Ostrove
nr konta: SK 13 0900 0000 0050 3691 7411
tytułem: „milódar na obnovu kostola"

Za modlitwę i pomoc materialną - serdeczne Bóg zapłać!

o. Wawrzyniec M. Waszkiewicz

CELE FUNDACJI ROSA MYSTICA

- Szerzenie kultu Najświętszej Maryi Panny i duchowości maryjnej.
- Pogłębianie życia modlitewnego, zwłaszcza w zjednoczeniu z Maryją.
- Pomoc duszpasterstwom i organizacjom kultywującym przywiązanie do Tradycji Kościoła katolickiego.
- Szerzenie kultu eucharystycznego, a zwłaszcza nadzwyczajnej formy rytu rzymskiego.
- Pielęgnowanie i rozpowszechnianie nauki społecznej Kościoła katolickiego.
- Finansowe wsparcie instytutów życia konsekrowanego oraz działalności misyjnej.

ZAŁOŻENIA FUNDACJI

- Członkowie zarządu fundacji i ich krewni działają wyłącznie pro bono.
- Fundacja zasadniczo działa w oparciu o wolontariat.
- Fundacja minimalizuje wydatki, a pozyskane środki wykorzystuje jedynie na realizację celów statutowych.

- Fundacja nie wynajmuje lokalu ani nie posiada ruchomości.
- Aby zapewnić profesjonalizm i skuteczność działań, fundacja może podejmować współpracę za wynagrodzeniem na preferencyjnych warunkach.

Mamy wiele planów i pomysłów na dalszy rozwój naszej działalności. Wszystkie je rozeznajemy i poddajemy woli Bożej.

Uprzejmie prosimy o modlitwę, a jeśli to możliwe, także o wsparcie finansowe. Każda najmniejsza wpłata ma znaczenie. Bóg zapłać!

Dziękujemy wszystkim, którzy nam pomagają. Współpracowników i darczyńców otaczamy stałą modlitwą. Ponadto 13. dnia każdego miesiąca zamawiamy w Waszej intencji Mszę św. w formie nadzwyczajnej.

Darowizny i zamówienia

Fundacja Rosa Mystica
ul. Braci Gierymskich 92
51-640 Wrocław

Numer konta: **31 1140 2004 0000 3802 8048 1509**
Tytuł przelewu: **Darowizna na cele statutowe**

Zamówienia: **https://rosa-mystica.shoplo.com/**

Płacz i zgrzytanie zębów.
Biblia, Kościół i mistycy o piekle.
Wybór i opracowanie: Konrad Czerski

Premiera: 10 lutego 2021
Liczba stron: 168
Format: 140 × 200 mm
Cena: 25 zł

Całkowity dochód ze sprzedaży książki zostanie przeznaczony na cele statutowe fundacji.

Oprócz zapewnień o swej miłości i gotowości do przebaczenia, Bóg wielokrotnie słał człowiekowi ostrzeżenia przed karą za zepsute życie. Najpierw czynił to poprzez teksty Pisma Świętego, a z czasem także za pośrednictwem objawień prywatnych, udzielanych osobom świeckim i duchownym. Te ostatnie znajdują swój wyraz w wizjach, natchnieniach, snach czy słyszeniu wewnętrznym (tzw. lokucjach).

Niniejsza publikacja jest zbiorem niektórych z owych Bożych napomnień. Obejmuje fragmenty Starego i Nowego Testamentu, pisma mistyków, sentencje świętych, płomienne kazania oraz syntezę nauczania katolickiego. Wszystkie one dosadnie i jednoznacznie potwierdzają druzgocącą prawdę: piekło istnieje – i nie jest puste.

Książka *Płacz i zgrzytanie zębów* nie należy do lektur lekkich i przyjemnych. Warto jednak po nią sięgnąć, czas bowiem jest krótki.

Publikacja zawiera wybór pism: św. Teresy Wielkiej, św. Franciszki Rzymianki, S.B. Rozalii Celakównej, bł. Anny Katarzyny Emmerich, św. Faustyny Kowalskiej, św. Jana Bosco, S.B. Wenantego Katarzyńca, św. Katarzyny ze Sieny, S.B. Łucji dos Santos i Matki Marianny de Torres.

Konrad Czerski (1977). Z wykształcenia filolog i tłumacz. Z konieczności inwestor. Z zamiłowania pisarz. Z powołania mąż i ojciec. Z natury grzesznik. Mieszka we Wrocławiu. Prosi o modlitwę.

Nowenna pompejańska
bł. Bartolo Longo

Premiera: 4 maja 2021
Liczba stron: 152
Format: 118 × 165 mm
Cena: 25 zł

Całkowity dochód ze sprzedaży książki zostanie przeznaczony na cele statutowe fundacji.

Ave Maria!

Jeżeli książeczka ta dostała się w Twoje ręce, wiedz… że to nie przypadek.

To Niepokalana – to Matka Boża Różańcowa!

Zapragnęła, abyś Ją lepiej poznał, żarliwiej Ją kochał i bardziej Jej ufał.

Książka zawiera pełną, pierwotną wersję tekstu Nowenny do Matki Bożej Różańcowej z Pompejów (tzw. nowenny pompejańskiej) w języku polskim wraz z włoskim oryginałem. Modlitwy napisał bł. Bartolo Longo (1841–1926) – nawrócony okultysta, wierny czciciel Maryi, niestrudzony krzewiciel Różańca.

Ponadto publikacja obejmuje zachętę do modlitwy różańcowej oraz dodatki, m.in. krótki życiorys bł. Bartola, fragmenty Biblii do rozważań oraz historie – nowenny, cudownego obrazu i sanktuarium w Pompejach.

Ilustrowana litania loretańska
Dzieło zbiorowe

Premiera: 24 maja 2021
Liczba stron: 160
Format: 160 × 240 mm
Twarda oprawa – eko skóra, złote tłoczenia, wstążka
Cena: 48 zł

Całkowity dochód ze sprzedaży książki zostanie przeznaczony na cele statutowe fundacji.

Oddaję do rąk pobożnego Czytelnika tę książeczkę, a zarazem dziękuję Bogu, iż dał mi szczególną łaskę i możliwość przetłumaczenia z łaciny tego dzieła poświęconego Bogurodzicy.

Postanowiłem na nowo znanym uczynić dzieło, które od prawie trzech wieków w różnych językach z zadowoleniem i zbudowaniem było przyjmowane – i z całą pewnością w swoim czasie niejeden zbawienny przyniosło owoc. Jeśli choć tylko jedno zdanie czy akapit obudzi w kimś chęć okazywania gorliwszej czci Maryi, Matce Boga, jeśli ręka pobożnego rodzica, chcącego wyjaśnić swemu dziecku znaczenie symboliki maryjnej ukrytej w Litanii, zasieje w nim ziarno wiary i pobożności, to chyba dostatecznie za ten wysiłek tłumacza będę wynagrodzony.

Bogu, który jest cząstką dziedzictwa mego – śmiało ten pierwszy krok jako tłumacz czynię.

A Tej, o której to dzieło opowiada i którą sławi, dziękuję za wezwanie mnie niegodnego i nieumiejętnego do swojej służby.

Fragment wstępu tłumacza

Czyńcie, cokolwiek wam powie
Ks. Wawrzyniec Maria Waszkiewicz

Premiera: 1 grudnia 2020
Liczba stron: 96
Format: 125 × 185 mm
Cena: 18 zł

Całkowity dochód ze sprzedaży książki zostanie przeznaczony na cele statutowe fundacji.

Ks. Wawrzyniec zaprasza nas na spacer po kartach Ewangelii, gdzie z lakonicznych wypowiedzi Najświętszej Maryi Panny wydobywa bogactwo treści i głębi Jej życia duchowego. Biblijna analiza, której się podejmuje, nie pełni jednak funkcji akademickiej, lecz głównie duszpasterską. Jej celem jest próba upodobnienia nas do Matki Jezusa oraz naszej i praktykowanie Jej cnót w codzienności.

Ks. Wawrzyniec Maria Waszkiewicz, ur. w 1985 roku we Wrocławiu. Absolwent Uniwersytetu Wrocławskiego (bibliotekoznawstwo). Studia seminaryjne odbył we Włoszech. Obecnie posługuje jako misjonarz w archidiecezji trnawskiej na Słowacji. Autor cennej biografii włoskiej matematyczki i mistyczki Marii Gaetany Agnesi pt. *Piękna dusza* (2018).

Patronat medialny: